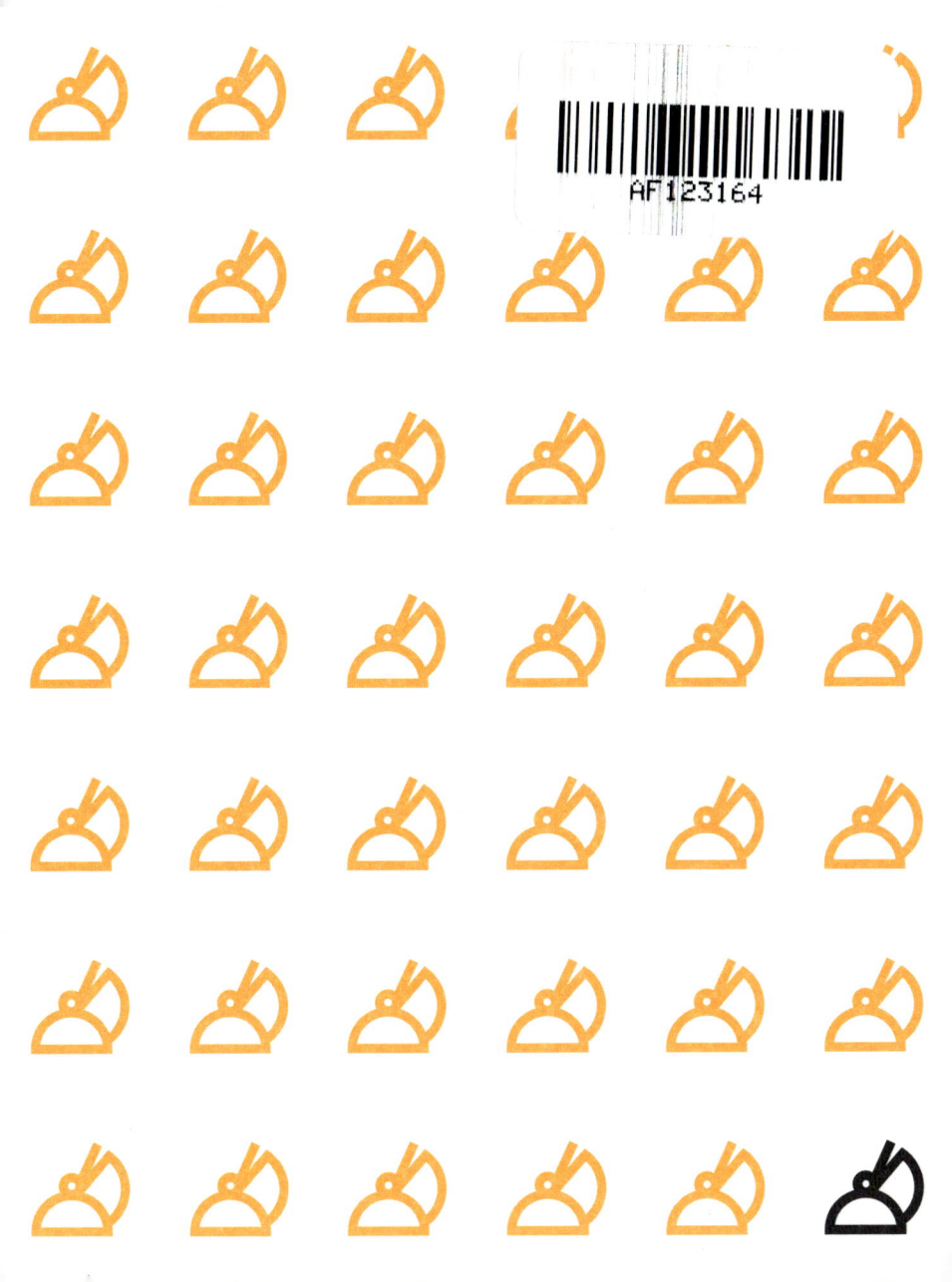

Florian Sedmak

# DICK SCHÄDELS REISEN

Durch Oberösterreich mit
**Anton Bruckner**

**VERLAG ANTON PUSTET**

## Bitte beachten zu wollen

Obwohl sich dieses Buch in so gut wie allem, was Anton Bruckner betrifft, auf die gesicherten Ergebnisse von jahrzehntelanger und mit uhrmachermeisterlicher Akribie betriebener methodischer Lebens- und Werkerforschung stützt, ersetzt es keine seriöse Brucknerbiografie. Sondern ist nicht mehr – aber auch nicht weniger – als ein zwangloser Streifzug durch die gut drei Dutzend Orte, die Anton Bruckner in Oberösterreich seinerzeit bewohnt beziehungsweise besucht hat. Mag es auch dem einen und anderen populären Bruckner-Irrtum aufgesessen und nicht vollkommen fe|lerlos sein, ist es doch eine Einladung, sich zwischen Ansfelden und Wolfern nach eigenem Dafürhalten an die Spuren eines Menschen zu heften, den man nicht zwingend mögen muss, aber nur schwerlich uninteressant finden kann. In diesem Sinne …

## Ordnung muss nicht sein, hilft aber mitunter

Es wäre möglich gewesen, die oberösterreichischen Orte im Leben von Bruckner scheinobjektiv alphabetisch zu ordnen. Unter Verzicht auf diese Option sind sie stattdessen chronologisch der ungefähren zeitlichen Reihenfolge von Bruckners Aufenthalten nach sortiert. Da er zweimal länger in Linz und – seinen bis heute andauernden Aufenthalt als Mumie eingerechnet – dreimal in Sankt Florian gewesen ist, sind diesen beiden Orten dementsprechend viele Kapitel gewidmet.

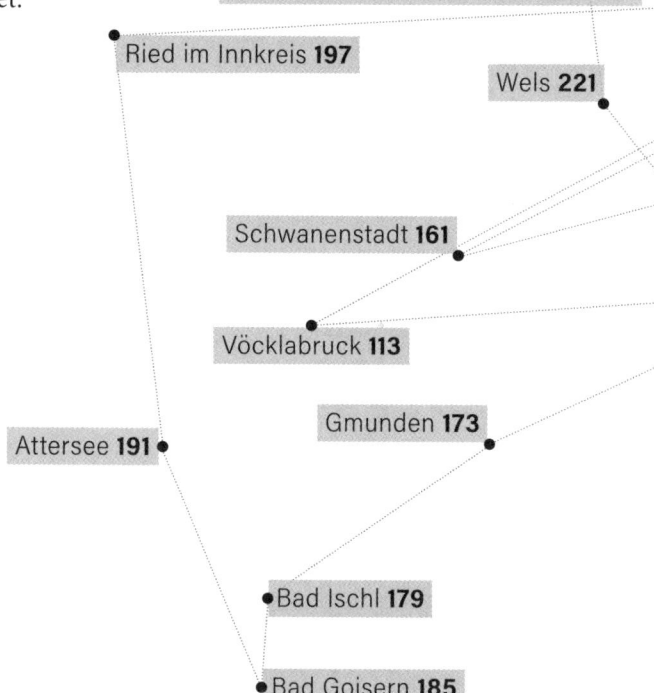

Neufelden **215**
Eferding **137**
St. Marienkirchen an der Polsenz **47**
Ried im Innkreis **197**
Wels **221**
Schwanenstadt **161**
Vöcklabruck **113**
Gmunden **173**
Attersee **191**
Bad Ischl **179**
Bad Goisern **185**

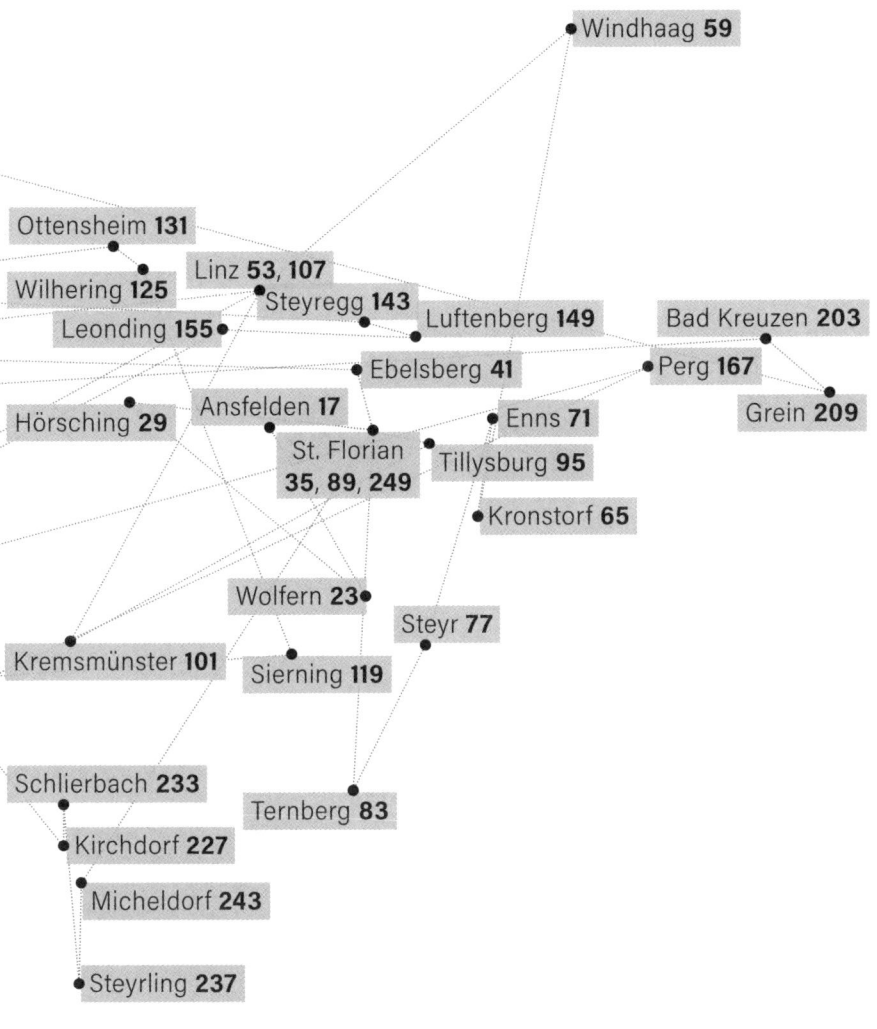

# Aussi, eina.
# Eine Bruckner'sche
# Standortvermessung

Norbert Trawöger

In Oberösterreich finden viele Richtungs- und Ordnungsadverbien dialektale Anwendung, die bis heute schwer in eine hochdeutsche Gemeinsprache zu übersetzen sind. Hierzulande kennt man viele Richtungen: aussi, eina, eini, uma, aufi, owi, drent und viele mehr. Der Dialekt findet präzisen Ausdruck für die vielen Richtungsmöglichkeiten, die im oberösterreichischen Raum und darüber hinaus nicht nur möglich, sondern auch selbstverständlich sind. Sogar Bruckners Orgel hat sich donauabwärts, auf Schiffen owi, durchs Land bewegt. Ursprünglich stand sie im Stift Engelszell, bevor sie am Ende des 18. Jahrhunderts in die neu etablierte Bischofskirche, den Alten Dom Linz, transferiert wurde. Dort hat sie noch mehr als ein halbes Jahrhundert auf ihren Genius Loci gewartet. Bruckners Orgel hat schon viel gesehen, bevor sie bis heute von sich und ihrem Meister hören ließ. Die Vielfalt der Richtungen schlägt sich in der Sprache und ihrem Klang nieder. Sprache bildet Wirklichkeit ab, gestern wie heute, und Oberösterreich zählt zu den vielfältig klingendsten Landstrichen Europas.

    Hier ereignete sich am frühen Morgen des 4. September 1824 die Geburt eines Klanggiganten. Anton Bruckner erblickt als erstes von elf Kindern – von denen nur fünf das Erwachsenenalter erreichen – im

Ansfeldner Schulhaus das Licht der Welt. Er kommt vom Land, das er und das ihn nie verließ, selbst als er seine letzten Lebensjahrzehnte kaiserlich und universitär angestellt in der Donaumetropole Wien verbracht hat. Er war auch ein Sozialaufsteiger, der dem Prozess, dem Werden traute und den Zweifel nicht außer Acht gelassen hat. Wenige Komponisten von Weltrang kommen aus ländlichem Umfeld.

Hier ereignete sich Bruckner zwischen Kyrierufen und Landlerschritten, Tanzboden und Kirchtürmen, Hügeln und Wäldern. Wir können es in seiner Musik hören. Bruckner gehört zu uns, gehört uns aber nicht. Er öffnet uns eine Tür zur Welt. Aussi. Holt sie uns herein. Eina. Seine Musik gehört der ganzen Welt, wird in der ganzen Welt gespielt und gehört. Seine Musik schafft Raum, Weltraum!

Begünstigt der oberösterreichische Luftraum den Möglichkeitssinn in besonderem Maße? Kepler, Stifter und Bruckner könnten dies annehmen lassen. Ich glaube aber nicht. Die hierzulande nicht übertriebene, aber doch vorhandene Lust an der Avantgarde liegt eher an einer Neigung zum Randständigen als einer ausgeprägten Passion fürs Neue, Andere oder Fremde. Das Widerständige, die Sturköpfigkeit hat hierzulande eine gewisse Tradition und die damit verbundene Beharrlich-, Standhaftig- und Widerspenstigkeit führen am Rande gelegentlich ins Neuland. Naturgemäß viel öfter ins Alte. Die Exzellenz bewundern wir bevorzugt aus der Ferne, von zu Hause aus. In der dritten Strophe des „Hoamatgsangs", der oberösterreichischen Landeshymne, heißt es treffend: „Dahoam is dahoam, wannst net fort muaßt, so bleib. Denn die Hoamat is ehnter, der zweit Muaderleib." Wer nicht unbedingt fort muss, soll daheimbleiben, im zweiten

Mutterleib. Bruckner musste bei aller Verwurzelung fort, von einem Ort zum andern, auch außerhalb des Landes ob der Enns. Leidenschaft, Mut und unerhörte Anstrengung führten ihn jenseits der Grenzen. Ohne Werk und Schöpfer verwechseln zu wollen, ist der Raum das zentrale Bruckner'sche Stichwort. Er kommt vom ländlichen Raum, seine durchaus widersprüchliche Persönlichkeit eröffnete viel Platz, in die viele zweifelhafte Geschichten und Anekdoten hineingekippt wurden, und in seinem Werk schlägt er eine räumliche Perspektive auf, die so neu ist, dass sie zu seiner Zeit auch unverstanden bleiben musste. Bruckner errichtet aus den Materialien der Sinfonie eine eigene Welt, er schafft einen sinfonischen Kosmos, der keine Erzählung, die uns ohne Worte von der Dunkelheit ins Licht führt, ist. In seiner Musik ist kein erzählendes Ich spürbar, die Ego-Position des Komponisten fehlt. Dieser Raum kann Fläche, Kubus, Kosmos, Hochnebel, Platz, Areal, Halle oder Höhle sein. Man hat das Gefühl, als würde einen diese Atmosphäre längst umgeben, nur bemerkt man dies erst, wenn jemand das Licht aufdreht. Erst dann spitzt man die Ohren, wird hellhörig. Und während des Bemerkens stolpert im nächsten Moment ein Thema herein, oft auf einem unbetonten Taktteil oder auch ganz selbstsicher und markant, wenn wir an die Trompete in der *Dritten* oder an das Horn in der *Vierten Sinfonie* denken. Der Anfang liegt vor dem Anfang. Das Thema ist zuallererst der Raum selbst.

**Das Land und die Zeit**
Blick von der Traun bei Gmunden auf den Traunsee, gemalt von einem unbekannten Künstler, um 1860.

# Der Bruckner, das Land und die Zeit

## Eine Art Einleitung

Halbe Sachen waren seine Sache nicht: Was immer Anton Bruckner tat, das tat er gründlich, um nicht zu sagen exzessiv und radikal. Er lernte, studierte und übte fanatisch, saß Stunde um Stunde an seinen Kompositionen, verlor beim Improvisieren an der Orgel jedes Zeitgefühl, trank Kaffee wie andere das Wasser, verschlang gigantische Portionen, schnupfte Tabak am laufenden Band, ließ sich des Abends mit bis zu dreizehn kleinen Bieren volllaufen, betete im Akkord, machte jungen und sehr jungen Frauen fast wahllos Heiratsanträge und zählte, was sich nur zählen ließ.

Auch als Reisender tat sich Bruckner durch Ausdauer und Eifer hervor. Allein in Oberösterreich weiß man von gut drei Dutzend Orten, an denen sich der „oberösterreichische Dickschädel", als welcher er sich selbst verstand, aufgehalten hat. In manchen auf Jahre, in anderen wiederum nur für eine Stippvisite oder einen Kegelabend im Dorfwirtshaus.

Den Exkursionen im Obderennsischen stehen etliche Reisen nach Deutschland, Frankreich, England und die Schweiz gegenüber, die Bruckner als wie ein Rockstar von Tausenden und Zehntausenden gefeierter Orgelvirtuose, als Tonsetzer, als treu ergebener Fan von Richard Wagner, als dem Reiz des Hochgebirges Erlegener und nicht zuletzt auch als ganz gewöhnlicher Tourist unternahm.

Er selbst lebte die längste Zeit seines zweiundsiebzigjährigen Lebens in der Weltstadt Wien, in der er achtundzwanzig Jahre lang seinen physischen Lebensmittelpunkt hatte. Ohne dort wirklich vollständig heimisch geworden zu sein, wie es scheint, wenngleich sich seine in Wien gesetzten Karrierehoffnungen nach einigen Niederlagen und Rückschlägen zum Schluss doch noch erfüllten.

K. k. Hoforganistenamt und Konservatoriumsprofessur für Harmonielehre, Kontrapunkt und Orgelspiel hin, Ehrendoktorat der Universität Wien her, haben sich Oberösterreich und Bruckner wohl nie wirklich losgelassen. Bereits in Linz hatte er als Pädagoge mit Lehrbefugnis für höhere Schulen, als privater Musik- und Klavierlehrer von Sprösslingen begüterter Bürgerfamilien sowie als Domorganist zur gesellschaftlichen Elite seiner Zeit gehört, und auch in Wien war er dank seiner Ämter, Kenntnisse und Fähigkeiten nominell zu den oberen Zehntausend der Stadt zu zählen.

Dass er trotz seines lebenslangen Strebens nach Anerkennung nicht dazu bereit war, sich in seinem Habitus den verfeinerten Umgangsformen von Adeligen, Industriellen, Unternehmern, Großhandelskaufleuten und Intellektuellen anzupassen, gehört zu den faszinierenden Widersprüchen, die den Menschen und nicht allein den Komponisten Bruckner bis heute so rätselhaft und spannend machen. Und dass seine hoch über den Knöcheln endenden Hosen, die so weit waren wie der Rest seiner Kleidung, als auch seine Gewohnheit, einen Braten in einige wenige große Stücke zu schneiden und diese mit den Fingern zu essen, wahlweise Amüsement oder Befremden auslösten, muss Bruckner klar, aber egal gewesen sein. Auch seinen Traunviertler Zungenschlag legte der Hoforganist, Hochschullehrer und Orgelstar in Wien der Überlieferung nach nie ab.

Möglicherweise, weil er ahnte, dass er sich infolge seiner Prägungen ohnehin nie hundertprozentig angleichen können würde, und möglicherweise aber auch, weil er – vielleicht gerade deshalb – eine Art Punk-Attitüde pflegte wie sie hundert Jahre nach ihm beispielsweise Hans-Peter Falkner und Markus Binder im radikal oberösterreichischen Ziehharmonika-Schlagzeug-Duo Attwenger an den Tag legten und legen. (Durchaus interessant in diesem Zusammenhang ist, dass die beiden wie Bruckner ebenfalls eher spät aus Linz nach Wien umgezogen sind.)

Der Unbekümmertheit des Punks steht Bruckners notorisches Erpichtsein auf Zeugnisse, Ehrungen und Leistungs- beziehungsweise Kompetenzhinweise – kurz: eine Fixierung auf Autoritäten – gegenüber. Selbst wertschätzend und vorsichtig artikulierte Kritik von Dirigenten etwa traf Bruckner tief und veranlasste ihn, ganze Sinfoniesätze zu überarbeiten oder gar neu zu komponieren. Andererseits brach er mit den bis dahin gültigen musikalischen Konventionen so gründlich, dass er das Gros seiner Zeitgenossen damit überforderte und verstörte. Zu diesem Widerspruch gesellen sich noch manche andere, und es ist weder möglich noch notwendig, sie aufzulösen. Die Bruckner-Ambivalenz liegt wohl im Kontrast zwischen dem provinziell auftretenden, gründlich neurotisch gestörten und suchtkranken

Menschen Bruckner und seinem Œuvre, zu dem seine legendären, aber unwiederbringlich verklungenen Orgelimprovisationen zählen.

Alle zusammen gehören, nicht ausschließlich, zu Oberösterreich, wohin Bruckner auch als Wahlwiener vor allem in den Sommern regelmäßig zurückkehrte. Um Verwandte, alte Freunde und Kollegen zu treffen, um als Composer-in-Residence in Stiften (Sankt Florian, Kremsmünster, Wilhering) und Pfarrhöfen (Steyr) zu arbeiten, um Orgel zu spielen (von Schlierbach bis Bad Ischl) und um Wirtshäuser, Ausflugsziele und Liedertafeln zu besuchen.

Bemühen wir unsere Vorstellungskraft, um den Reisenden Anton Bruckner in und durch Oberösterreich zu begleiten, begegnen wir einer vielseitigen Persönlichkeit in verschiedenen Rollen und Funktionen. So unter anderem dem Schüler und Langzeitmusikstudenten, dem Schul- und Musiklehrer, dem Landlergeiger und Tänzer, dem ausgezeichneten Schwimmer und Eisstockschützen, dem Kirchenorganisten und zügellosen Improvisator, dem in den schönen Worten eines Bruckner-Spezialisten nur „eingeschränkt gesellschaftstauglichen Gesellingen", dem Stammtisch-, Gastgarten- und Kaffeehaussitzer, dem Orgelprüfer und Sommerfrischler und nicht zuletzt dem Kind, das zu Verwandten gegeben und früh zum Halbwaisen wird.

Keine leichte Übung, als wir uns außerdem noch so viel weg- und dazu denken müssen: ein Oberösterreich ohne asphaltierte Straßen und Plätze, ohne Einkaufszentren und Gewerbemischgebiete, ohne schnelle Verkehrsverbindungen, ohne Zersiedelung und ohne uniforme Fertighaussiedlungen, ohne Tiefkühlkost und Lebensmittel aus aller Welt, ohne Unfall-, Kranken-, Sozial- und Pensionsversicherung, ohne Klimaanlagen und ohne 24/7-Zugang zu Musik.

Stattdessen sind wir gefordert, uns eine Welt vorzustellen, in der sie – die Musik – nur als Live-Ereignis vorkommt: als Haus-, Tanz- und Kirchenmusik, wobei die Orgel und die lokale Blechmusik für die meisten Zeitgenossen das imposanteste Klangerlebnis waren und blieben. Wer ein Orchester von heutigen Dimensionen hören wollte, musste dafür in eine Stadt wie Wien reisen. In einem heute nur mehr schwer vorstellbaren Zeitlupentempo: in Schrittgeschwindigkeit, mit zehn Stundenkilometern in der Kutsche beziehungsweise mit vierzig in der Eisenbahn. Vergegenwärtigen wir uns das, erscheinen die Ausflüge, Wanderungen und Reisen von Bruckner umso bemerkenswerter.

In der Welt, die für ihn selbstverständlich war, wurde überwiegend körperlich hart und in der Landwirtschaft gearbeitet, gleichzeitig gab es im Alltag im Gegensatz zu heute so etwas wie Muße. Demokratie und Gleichberechtigung waren noch fern, die Zugänge zu höherer Bildung so eingeschränkt wie die Möglichkeiten zum sozialen Aufstieg. Die Kindersterblichkeit war auch in Bruckners Herkunftsfamilie enorm, die Hygiene mangelhaft, die Gewaltbereitschaft im Alltag höher und Abtreibung das gängige Mittel der Geburtenkontrolle.

So gesehen ist es dann bei allen Vorzügen der Vergangenheit nicht so schlecht, dass wir nur sehr bedingt in sie zurückkehren können – was wir auf den folgenden Seiten dennoch tun wollen, ohne die Gegenwart dabei aus den Augen zu verlieren.

4052 & 4053
# **Ansfelden**
Ansfödn
48° 12′ N, 14° 17′ O

# Im Zeichen der Jungfrau

Oben steht die Pfarrkirche, auf halber Höhe der Pfarrhof. Und unten das Schulhaus, in dem Anton Bruckner am 4. September 1824 im Tierkreiszeichen Jungfrau geboren wird. Eines der im Vergleich zum Löwen oder Skorpion nur wenig attraktiven Sternzeichen, das über die Zuschreibung von Pedanterie hinaus auch noch recht zuverlässig zu anzüglichen Bemerkungen über sexuellen Erfahrungsmangel animiert, der auf Bruckner perfiderweise aller Wahrscheinlichkeit nach tatsächlich zutrifft: Der Forschung sind keine Sexpartnerinnen oder Sexpartner von Anton Bruckner bekannt.

In Ansfelden ist die Welt noch kein Dorf; eher ist das Dorf die Welt, an deren Rand Nachbarorte wie Sankt Florian und Ebelsberg sowie Steyr und Linz als richtige Städte mit zwanzigtausend (Linz) beziehungsweise knapp zehntausend Bewohnern (Steyr) liegen. Nach Ebelsberg sind es zu Fuß eineinhalb Stunden, nach Linz und Sankt Florian jeweils zweieinhalb Stunden. Die fünf Stunden Gehzeit nach Steyr bedeuten schon eine halbe Tagesreise, die dennoch ein Spaziergang im Vergleich zum vier Tage und siebzehn Fußreisestunden beziehungsweise fünfhundertzweiundzwanzig Kilometer entfernten

Wettswil am Albis im Kanton Zürich sind. Am Fuße des Uetliberges hat dort unter anderem die Astrodata AG ihren Firmensitz, an dem sie laufend die verschiedensten Horoskope erstellt: Persönlichkeits- und Karmadeutungen, Partnerschaftsanalysen und Zukunftsaussichten.

Um in Erfahrung zu bringen, was dem neugeborenen Bruckner in den Sternen gestanden ist, muss man natürlich nicht persönlich vorstellig werden, sondern lediglich das Geburtsdatum und den Geburtsort übermitteln. Was so wie die Beauftragung und Entlohnung des astrologischen Dienstes nun, da die Welt ein Dorf ist, eine Sache von einigen Klicks ist.

Nach kurzem Sondieren der Angebotspalette fällt die Wahl, doppelt hält besser, auf eine *Große Persönlichkeitsanalyse* sowie eine *Analyse der karmischen Bestimmung* von Anton Bruckner; ein Zukunftshoroskop ist ja von vornherein keine Option mehr. Wie der vorbildliche Astrodata-Kundendienst mitteilt, ist das Verstorbensein Brucknes allerdings der bedauerliche Grund für die Unmöglichkeit einer Durchleuchtung seiner karmischen Bestimmung, die nur für Lebende möglich ist. Aus dem einleuchtenden Grund, dass sich das Karma des künstlerisch unsterblichen Komponisten durch den Vollzug seines irdischen Daseins und eine etwaige Wiedergeburt ja unweigerlich gewandelt haben muss. So bleibt die Frage nach Brucknes Karma ebenso offen wie die nach seiner allfälligen Reinkarnation.

Im Gegensatz zu jener nach seiner Persönlichkeit, für deren Beantwortung zunächst noch ein unabdingbares Detail fehlt: der auf fünf Minuten genaue Geburtszeitpunkt. Die auf die Schnelle greifbare Bruckner-Literatur muss passen, doch in Wettswil weiß man sich zu helfen. Und zwar mit einer Datenbank voll der Geburtskoordinaten berühmter Persönlichkeiten, laut der Theresia Bruckner bei ihrer ersten Schulhausgeburt in Ansfelden um vier Uhr fünfzehn Ortszeit niedergekommen ist.

Schon wenige Tage später trifft per Elektropost ein dreiunddreißig Seiten starkes Dokument ein, in dem zu lesen sich so indiskret anfühlt wie das Inauftraggeben des Horoskops selber auch.

An Anton Bruckner selbst adressiert – „Diese Analyse will Sie dazu ermuntern, […] die vielfältigen Möglichkeiten, die in Ihrer Geburtskonstellation enthalten sind, zu vertiefen" – erweist es sich auch bei nüchterner Lektüre erhellend und interessant: von früher Unterdrückung des eigenen Willens durch Autoritätspersonen ist da die Rede, von viel verheimlichter Wut und auch von großen Schwierigkeiten, offen mit Gefühlen umzugehen. Es attestiert Bruckner Ausdauer, Hartnäckigkeit, Improvisationstalent und Perfektionismus wie auch die Gabe, auf einfachen Ideen aufzubauen und Sachverhalte verständlich zu vermitteln. Dazu kommen „ausgeprägte körperliche Kräfte, Beharrlichkeit, Mut und eine große Regenerationsfähigkeit."

Dem gegenüber stehen eine Art grundsätzliche Tollpatschigkeit, die sich in Form schablonenhaften Verhaltens auch auf das soziale Leben erstreckt, die bereits erwähnten Aggressionen und die Neigung, sich Überforderungen durch Krankheit zu entziehen. Fast prophetisch wird es, wenn es heißt: „Auch wenn Ihnen Gefühle verdächtig sind, so werden Sie viel Sinn haben für konkrete, greifbare Genüsse. Seien Sie dabei auf der Hut, dass Sie keinen Raubbau an Ihren Kräften treiben."

In Beziehungen dominiert die Angst vor Zurückweisung, in erotischen Fantasien eine Polarität von Macht und Ohnmacht sowie Beherrschung und totaler Hingabe. Dazu kommt ein grundlegendes Dilemma: „Vielleicht haben Sie sich auch ein System zurechtgelegt, nach welchem seriöse Frauen sexuell zurückhaltend und vielleicht gar etwas asexuell sind, während sexuell aktive Frauen mit individuellen Bedürfnissen zu gefährlich sind, um geheiratet zu werden."

Eine Möglichkeit angesichts dessen wäre „eine Beziehung zu einer wesentlich jüngeren Frau, die ihre romantischen und überschwänglichen Gefühle unkontrolliert zum Ausdruck bringt, die Ihnen aber nicht gefährlich wird, weil Sie ihr einen sicheren Rahmen bieten und aufgrund Ihrer reicheren Lebenserfahrung die Kontrolle wahren können."

Vor dem Knüpfen mehr oder weniger zarter Bande kommt es jedoch auf etwas Anderes an: „Es wird wichtig für Sie sein, sich in dem Sie interessierenden Bereich ein gründliches und fundiertes Wissen anzuzeigen, damit Sie über die für Sie wichtige innere Sicherheit verfügen, die es Ihnen ermöglicht, Ihre Fähigkeiten auch kreativ zu nutzen und zu einer echten Autorität zu werden."

**„Freundschaft und Liebe erflehe ich von allen meinen innigstgeliebten Oberösterreichern!"**

Bruckner an die Liedertafel „Frohsinn"

Ansfelden

Wolfern

4493
# **Wolfern**
Woifan
48° 5′ N, 14° 22′ O

## Mahlzeit

Steht der flotte kleine weiße Citroën mit dem Wunschkennzeichen „Jax 1" auf dem Parkplatz vor dem Pfarrheim mit dem Pfarrgemeindeamt von Wolfern, weiß man als Ortskundiger, dass Altpfarrer Rudi Jachs zugegen ist. Der Eingeweihten sofort auffällige orthografische Unterschied zwischen dem Wortlaut und dem Widmungsträger ist den Vorschriften geschuldet. Die besagen nämlich, dass Wunschkennzeichenbuchstabenkombinationen aus maximal vier Lettern zusammengesetzt sein dürfen. Wofür „Jachs" um einen Buchstaben zu lange ist, weshalb „Jax" zur immerhin phonetisch korrekten Alternative geworden ist.

Stellen Geistliche unter Österreichs Automobilisten schon per se eine Minderheit dar, so sind kirchliche Amts- und Würdenträger mit Wunschkennzeichen noch seltener. Wie Pfarrer Jachs glaubhaft versichert, hat er selbst nicht einmal im Traum den Wunsch an ein personalisiertes Autokennzeichen gehegt.

Die Initiative ist stattdessen von den Mitgliedern jener informellen Wandergruppe ausgegangen, mit denen der rüstige Mittachtziger seit Jahren einmal die Woche unterwegs ist. Bis heute schätzt sich der

Altpfarrer von Wolfern und Maria Laah glücklich, noch rechtzeitig Wind vom ursprünglich geplanten Wortlaut des Wandergruppengeburtstagsgeschenks bekommen zu haben: Wäre es nach den Gebern gegangen, wäre „Pfaff 1" auf der Nummerntafel gestanden. Auch wenn das, wie Jachs erklärt, noch zu Bruckners Lebzeiten eine gängige Bezeichnung für Geistliche gewesen sei, wäre ihm der Begriff mit seinen heutigen Konnotationen zu despektierlich gewesen.

Im frühen neunzehnten Jahrhundert hingegen ist „Pfaff" noch gar nicht abwertend gemeint. Auch nicht in Wolfern, das damals und bis zum Ende des Ersten Weltkriegs noch Losensteinleiten heißt (was man in Wolfern aufgrund innerkommunaler Ortsteilrivalitäten gar nicht mehr so genau wissen möchte). Der alte Ortsname passt jedenfalls ausgezeichnet zum steilen Abhang – der Leiten –, die hinter der gotischen Kirche des Ortes ansetzt. Sie führt zu einer Senke hinunter, auf deren anderer Seite der alte Pfarrhof von Wolfern steht – untypischerweise also nicht wie fast überall anders direkt neben der Kirche, sondern eine Gehviertelstunde vom zentralen Arbeitsplatz des Pfarrers entfernt. Dieser ist damals über seine spirituelle und kulturelle Funktion hinaus zwangsläufig auch Landwirt, da sich der Pfarrhof der Dreihundertvierzehn-Einwohner-Gemeinde (Stand 1869) in einer Epoche der Kirchensteuerfreiheit weitgehend selbst erhalten muss.

Viehhaltung, Landbau und das Führen eines Großhaushaltes wie der Pfarrhof einen darstellt, sind damals eine arbeitsintensive Angelegenheit. Dafür braucht es Personal. Wie Rosalia Mayrhofer, die als Pfarrersköchin am Herd steht und als Wirtschafterin dafür verantwortlich ist, dass in dem auf weiter Flur alleinstehenden Haus mit seinen Nebengebäuden alles in Ordnung ist. Und wie ihre Nichte Theresia Helm, die entweder bereits nach dem Tod ihrer Mutter 1811 oder auch erst um 1817 nach dem Tod ihres inzwischen wiederverehelichten Vaters aus Sierning als Magd auf den Wolferner Pfarrhof kommt. Und dort mit einer längeren Unterbrechung, während der sie einem verwitweten Onkel den Haushalt führt, bis 1822 bleibt – jenem Jahr, in dem sie in Losensteinleiten respektive Wolfern den um zehn Jahre älteren Anton Bruckner senior kennenlernt und mit ihm nach Ansfelden zieht.

Womit das Kapitel „Wolfern" für sie keineswegs abgeschlossen ist, da die gewesene Magd und Kirchenchorsolistin noch mehrfach an ihre frühere Wirkungsstätte zurückkehrt. Und dabei auch ihren Erstgeborenen Anton junior mitnimmt, der im Pfarrhof bei Großtante Rosalia der Überlieferung nach „glücklichste Zeiten" verlebt.

Pfarrer Jachs kennt die Geschichten. Dennoch sieht er sich nicht leid, den alten Pfarrhof mit seinen dreißig Joch Grund und dem Wasser aus einer nahen Quelle nicht mehr als Bewohner kennengelernt zu haben. Denn in den 1960er-Jahren wird das Anwesen in Verbindung mit einem Grundstückstausch verkauft. Mit dem Erlös wird auf der eingetauschten Parzelle im Zentrum unweit der Kirche das neue Pfarrheim gebaut.

1975 zieht Rudi Jachs dort in die Dienstwohnung ein, nachdem er gleichsam auf Bruckners Spuren gewandelt ist: nur ein paar Kilometer von Windhaag in Leopoldschlag geboren, in Linz studiert habend und dann nach Enns sowie nochmals nach Linz berufen.

Über seinen neuen Dienstort Wolfern informiert er sich gründlich. Unter anderem aus dem Realschematismus, dem Verzeichnis aller kirchlichen Güter. Die Beschreibung des auf weiter Flur ungeschützt dastehenden alten Pfarrhofes lautet kurz und bündig: „Feucht und windig."

Im neuen Pfarrhof, in dem Pfarrer Jachs bis 2020 arbeitet und lebt, ist es hingegen warm, trocken und behaglich. Auch an einer Pfarrersköchin und Haushälterin fehlt es dem passionierten Gottesmann nicht: Dank des Geschwisterpaares Theresia Brandstetter und Erna Reichl weiß Jachs sich, das Haus und den Garten gleich doppelt umsorgt.

Noch heute, da er als immer noch rege messfeiernder Unruheständler eine Dreizimmereinheit im Nachbarhaus bewohnt, kümmert sich Frau Reichl um seine Hauswirtschaft und die Küche. Denn im Pfarrhaus sind personell und damit auch kulinarisch andere Zeiten angebrochen: Jachs' Nachfolger Doktor Innocent Nwafor bekocht sich nach nigerianischer Fasson selbst. Nichts für seinen Vorgänger: Der bleibt lieber bei ganz gewöhnlicher österreichischer Hausmannskost.

„Wo finde ich einen Mann auf dieser Erde, der, seitdem es dem Allerhöchsten gefallen hat, mir meine volle Nervengesundheit zu entreißen (wahrscheinlich um mich zu demütigen), ein größeres Mitgefühl an den Tag gelegt hätte, als Euer Gnaden."

Aus einem Brief an Domvikar Johann Baptist Schiedermayr

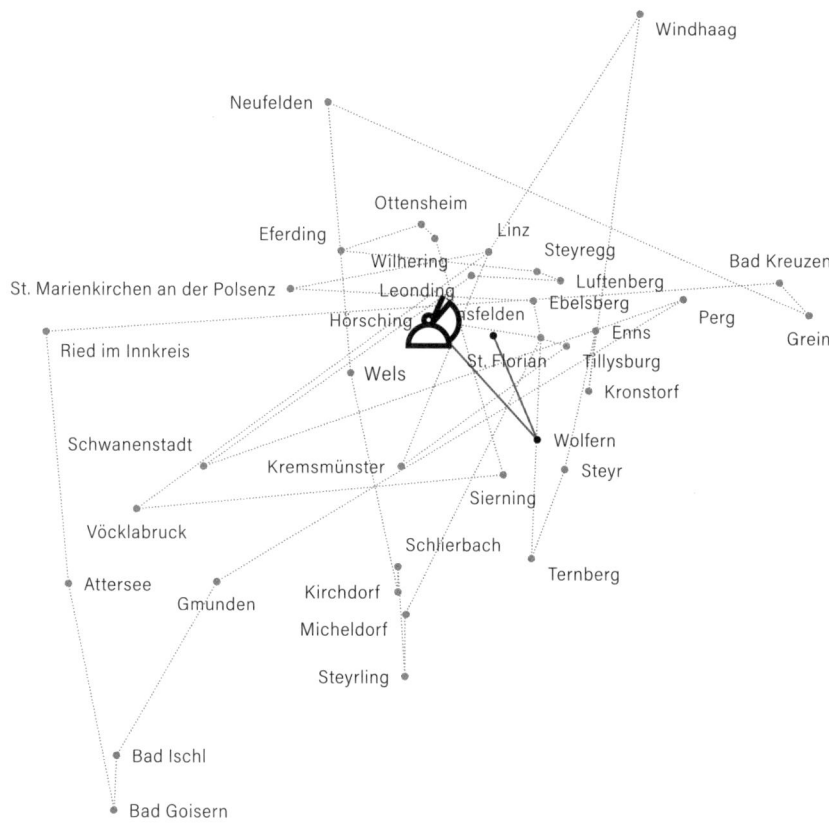

4063
# Hörsching
**Hööasching** bzw. **Hörrschink**
48° 14′ N, 14° 11′ O

## Prinz Schnudi und das Ende mit Schrecken

Die Polizeiinspektion Hörsching hat ihren Sitz in der Neubauer Straße sechsundzwanzig im alten Kern des Ortes Hörsching, der heute von Wohn- und Schlafsiedlungen, dem Flughafenareal und Gewerbegebieten zugewuchert ist. Für die sechshundert Meter kurze Strecke zur Kirche und zum Pfarramt sind regulär zwei Autominuten Fahrdauer zu veranschlagen; bei einsatzmäßiger Fahrt mit Folgetonhorn und Blaulicht ist der Weg bestimmt in der halben Zeit oder schneller zurückgelegt.

Als der elfjährige Anton Bruckner – wahrscheinlich im späten Sommer des Jahres – 1835 in Hörsching eintrifft, gibt es für den Dorfgendarmen selbstredend keinen Grund einzuschreiten: Dass ein Kind zu Verwandten gegeben wird, ist weder außergewöhnlich geschweige denn gesetzeswidrig.

Der kleine Bruckner ist in der Diktion eines Popsongtitels gekommen, um zu bleiben. Und zwar bei seinem zu diesem Zeitpunkt zweiundzwanzig Jahre jungen Cousin Johann Baptist Weiß, der ihm zwei Jahre zuvor, 1833, im Alten Dom in Linz bei der Firmung Pate gestanden ist.

Wie die besonders wohlwollenden Bruckner-Biografen und -Verehrer kolportieren, erfolgt die Verlegung aus Ansfelden nach Hörsching aufgrund elterlicher Bildungsbeflissenheit: Anton Bruckner senior habe seinem Ältesten eine Erweiterung, Vertiefung und Verfeinerung seiner musikalischen Kenntnisse und Fähigkeiten angedeihen lassen wollen und ihn deshalb dem Sohn seiner früh verstorbenen Schwester Josefa Weiß anvertraut. Nüchternere Betrachter wie Bruckner-Experte Klaus Petermayr hingegen vermuten als Motiv viel eher den profanen Wunsch, ein Kind weniger versorgen zu müssen.

Dass Bruckner in seinem älteren Cousin einen hervorragenden Lehrer hat, steht unter Verklärern wie Skeptikern außer Streit: Weiß genießt den Ruf, ein ausgezeichneter Organist und musiktheoretisch reich beschlagen zu sein. Bereits mit vierzehn oder fünfzehn hat er erste eigene Stücke geschrieben. Wie man sich erzählt, kann er die Klavierfassungen der *Schöpfung* und der *Jahreszeiten* von Joseph Haydn frei aus dem Gedächtnis spielen; sein Onkel Anton Weiß ist Stiftsorganist in Wilhering.

In Hörsching fungiert der Absolvent der Präparandie in Linz als Assistent seines verwitweten Vaters Josef, der das Schulmeisteramt innehat, welches 1845 quasi in Erbpacht auf Bruckners jungen Lehrer übergehen wird.

Den Cousin aus Ansfelden unterrichtet Johann Baptist Weiß in drei Disziplinen simultan: Zum einen allgemein bildend nach dem Volksschullehrplan, zum anderen in Musiktheorie (mit Schwerpunkt Generalbass) und darüber hinaus natürlich auch noch praktisch – wobei neben dem Orgelspiel auch das Landlergeigen nicht zu kurz kommt. Es dauert nicht lange, bis der Schüler bei Messen an der Orgel mitspielen darf und sein Debüt in der Hörschinger Jakobuskirche mit dem Pedalpart des Fastenliedes *Lass mich deine Leiden singen* feiert. Vom Cousin inspiriert und ermutigt, versucht sich Bruckner an ersten kleinen Kompositionen und Kadenzen für die Orgel.

Über die mehr als zehn Jahre Altersunterschied hinweg verbindet Weiß und Bruckner offenbar ein sehr herzliches Verhältnis. Hat Bruckner eine herausfordernde Theorieaufgabe oder ein anspruchsvolles Stück gemeistert, gibt es von Weiß finanzielle Belohnungen in der Höhe von drei Kreuzern. Sowie die Anrede als „Prinz Schnudi", womit sich Weiß auf einen der Stardramatiker des Wien im vorvergangenen Jahrhundert bezieht: den zwischen Barock und Aufklärung stehenden Philipp Hafner, auf den das Genre des Wiener Volksstücks zurückgeht. Trotzdem Hafners Leben 1764 früh mit nicht einmal Dreißig zu Ende geht, hinterlässt der Vorläufer von Ferdinand Raimund oder Johann Nestroy ein Œuvre von einigem Umfang, zu dem auch die spektakuläre pseudoorientalische Zauberkomödie *Das lustige Trauerspiel Evakathel und Prinz Schnudi oder die Belagerung von Ypsilon* zählt. Ihr Plot mit betrüblichem Ausgang – die Protagonisten kommen durch Mord und Selbstmord ums Leben – wird später für das Libretto der ersten Oper in ungarischer Sprache übernommen.

Im Winter 1836 heißt es für Prinz Schnudi Abschied von seinem kleinen Königreich zwischen Schulmeisterhaus und Kirche nehmen: Vater Anton liegt lebensbedrohlich krank darnieder, und der zwölfjährige Bruckner wird wieder daheim gebraucht. Dennoch wird die freundschaftliche Verbindung im Zeichen von Philipp Hafners Schnudiprinzen nie ganz abreißen, und 1848 matchen sich Weiß, Stiftsorganist Kattinger und Anton Bruckner noch bei einem Wettspielen an der Orgel in der Basilika von Sankt Florian.

Mit Johann Baptist Weiß nimmt es zwei Jahre darauf ein Ende, das weitaus tragischer als jenes der gemeinsamen Lern- und Lehrzeit der beiden Cousins ist: Als Weiß die Verwaltung der Hörschinger Kirchenfinanzen oder der Kasse eines Hörschinger Vereins – hier gehen die Angaben auseinander – übernimmt, muss er feststellen, dass sein Ehrenamtsvorgänger einen größeren Betrag veruntreut hat. Weiß versucht, das Loch mit eigenen Mitteln zu stopfen und gerät darüber seines schmalen Einkommens wegen selbst in finanzielle Schwierigkeiten.

Als er am zehnten Juli 1850 einen Gendarmen auf das Schulmeisterhaus zukommen sieht, hält er offenbar den Moment seiner Verhaftung für gekommen und erschießt sich um halb zwölf Uhr vormittags vor den Augen des Beamten mitten am Hörschinger Friedhof.

Der vormalige Prinz Schnudi ist außer sich vor Trauer. Und vor Sorge: Dem theologischen Weltbild seiner Zeit gemäß befürchtet Bruckner, dass seinem Cousin als Selbstmörder der Weg in den Himmel so verbaut sei, wie es der oberösterreichische Zentralraum heute ist.

**Anton Bruckner zum Nachhören**

## Pange lingua, WAB 31

Wie viele andere seiner musikalischen Arbeiten auch beschäftigt das *Pange lingua* Bruckner über einen längeren Zeitraum. Die ursprüngliche Gestalt des vierstimmigen Hymnus für gemischten Chor ohne Begleitung erschafft Bruckner in sehr jungen Jahren in Hörsching und entwickelt sie danach weiter. Als alter Mensch kommt er 1891 noch einmal darauf zurück und unterzieht es einer Korrektur.

*Pange lingua*, WAB 31
Latvian Radio Choir, Sigvards Klava

4490
## Sankt Florian I
Floriå
48° 13' N, 14° 23' O

# Singet den Herren ein neues Lied

Ist Bruckners schöne Kindersingstimme seine Rettung? Sie verschafft ihm jedenfalls in Verbindung mit seiner hohen musikalischen Vorbildung die Aufnahme als Sängerknabe ins Augustiner-Chorherrenstift Sankt Florian, wo seine Mutter Theresia Bruckner nach dem Tod ihres Mannes am siebten Juni 1837 bei Propst Arneth vorspricht. Wäre der Herr der Chorherren nicht vom sanglichen Können des gerade noch Zwölfjährigen angetan gewesen, wäre Bruckner womöglich mit dem Rest der Familie nach Ebelsberg gezogen. Wie sein Leben dort verlaufen wäre, lässt sich nicht sagen, auf jeden Fall aber wäre vieles anders gekommen.

Dass es kommt wie bekannt ist, liegt auch am Propst. Erst in Bruckners Geburtsjahr 1824 hat er die Renaissance des Knabensingens im Stift angestoßen, das bis dahin infolge von Sparmaßnahmen auf Anordnung von Joseph II. auf Sparflamme geköchelt hat. Nun lebt das seit mindestens 1071 bestehende Sängerknabeninstitut wieder auf.

Von Chordimensionen kann keine Rede sein: Bruckner ist einer von bloß drei Sängerknaben; seine Kollegen sind Anton Haus und Karl Seiberl aus Sankt Marienkirchen an der Polsenz. Dass sich das

Ensemble dereinst zu einem großen Chor auswachsen wird, der nicht mehr ausschließlich der Kirchenmusikgestaltung im Stift verpflichtet sein und auf Konzertreisen gehen wird, steht noch in weit entfernten Sternen.

Das Sängerknabentrio lebt bei Schulmeister Bogner, der zusammen mit seinem Schulgehilfen für die Erziehung und die allgemeine wie kammer- und kirchenmusikalische Ausbildung der drei zuständig ist. Für die dabei anfallenden Kosten kommt das Stift auf, das Bruckner, Haus und Seiberl seinerseits ordentlich in die Pflicht nimmt. Musikalisch hochbegabt findet sich der Halbwaise Bruckner offenbar schnell und gut im musikalisch-klerikalen Stifts- und Schulsystem zurecht. Als guter Schüler wird er 1838 im Florianer *Buch der Ehre und des Fleißes* für seine Leistungen mit einem Eintrag an zweiter Stelle gewürdigt, 1839 landet er auf Platz eins.

Dass Bruckners Pubertät in seine Sängerknabenjahre fällt, wirft zumindest indirekt die Frage auf, wie groß ihr Anteil am gelinde gesagt lebenslang schwierigen Verhältnis von Bruckner zu jungen Frauen ist. Wie es in einer Biografie heißt, entzündet sich Bruckners musikalische Leidenschaft für Schubert in seiner ersten Zeit in Sankt Florian. Bruckners Bekenntnis, auch Komponist werden zu wollen, veranlasst seinen Religionslehrer angeblich zur Formulierung des Dogmas, dass dieses Ziel nur um den Preis größtmöglicher Distanz zu Frauen erreichbar sei.

Nicht nur theologisch, sondern auch musikalisch tut sich die Kirche auf ihre Weise noch mit Sexualität schwer, was mit ein Grund für die Existenz der kirchlichen Knabenchöre ist: Sie sind der vokale

Ersatz für die Gesangsstimmen der Frauen, die noch zu Bruckners Zeit in vielen Kirchen per Verbot musikalisch unerwünscht sind. Die männliche Alternative zum Sängerknaben wiederum ist der kastrierte Mann, wenn auch nur mehr in der Theorie: Rein kirchenrechtlich ist Kastration noch immer eine in der Praxis nicht mehr gezogene Option; das finale katholische Kastrationsverbot wird von Papst Pius X. jedoch erst 1903, nach Bruckners Tod, erlassen.

Doch auch danach heißt es einige weitere Generationen lang, das eine und andere Opfer für eine makellose Stimme zu bringen. Noch in den 1980er-Jahren kann man ehemalige Sängerknaben kennenlernen, deren Stimmbruch durch eine Injektion in den Hals hinausgezögert worden ist. Nach dem chemischen Eingriff haben sie ein Schild mit der Aufschrift „Ich darf nicht sprechen" um den Hals zu tragen. Doch offiziell? Ist derlei wohl nie geschehen.

Für Bruckner hat das Sängerknabendasein mit der Umschulung auf die Präparandie in Linz ein Ende; allerdings werden nicht nur die Florianer Sängerknaben weiterhin eine Rolle in seinem Leben spielen:

Nach seiner Rückkehr nach Sankt Florian wird er 1849 zu ihrem Privatlehrer berufen; ab 1875 fungiert er dann in Wien als zweiter Singlehrer der Sängerknaben.

Stiftssängerknaben gibt es abseits von Sankt Florian auch in Wilhering, wo man stets einen der Buben als Pagen für den Feriengast Anton Bruckner abstellt. Georg Krenn, einer von ihnen, hält später seine Erinnerungen an diesen Dienst fest: „Oft, wenn ich mittags die Mahlzeit auf sein Zimmer brachte, mußte ich mich auf Geheiß des Meisters zum Tische setzen und mithalten; besonders die Kompotte, denen er dazumal kein Freund war, schob er mir zu und freute sich an meinem nie versagenden Appetit. Für meine Dienste gab mir Bruckner täglich ein Vierkreuzerstück, von welchen ich mir bis heute einige als Andenken aufbewahre."

### Anton Bruckner zum Nachhören

**Vorspiel und Fuge in c-Moll**, WAB 131

Mit der komplexen Form der Fuge beschäftigt sich Bruckner nicht erst als Student des Wiener „Fugenscheißers" Simon Sechter, sondern bereits zuvor. Offenkundig inspiriert vom Orgelunterricht bei Stiftsorganist Kattinger schreibt der gelehrige Schüler am fünfzehnten März 1847 das *Vorspiel und Fuge in c-Moll* – eine der wenigen Kompositionen für das Instrument, auf dem er zeit seines Lebens brilliert. 1929 macht sich ein Mann namens Franz Phillip die Mühe, die unvollständige Partitur fertigzustellen.

*Vorspiel und Fuge in c-Moll,* WAB 131
Klaus Sonnleitner

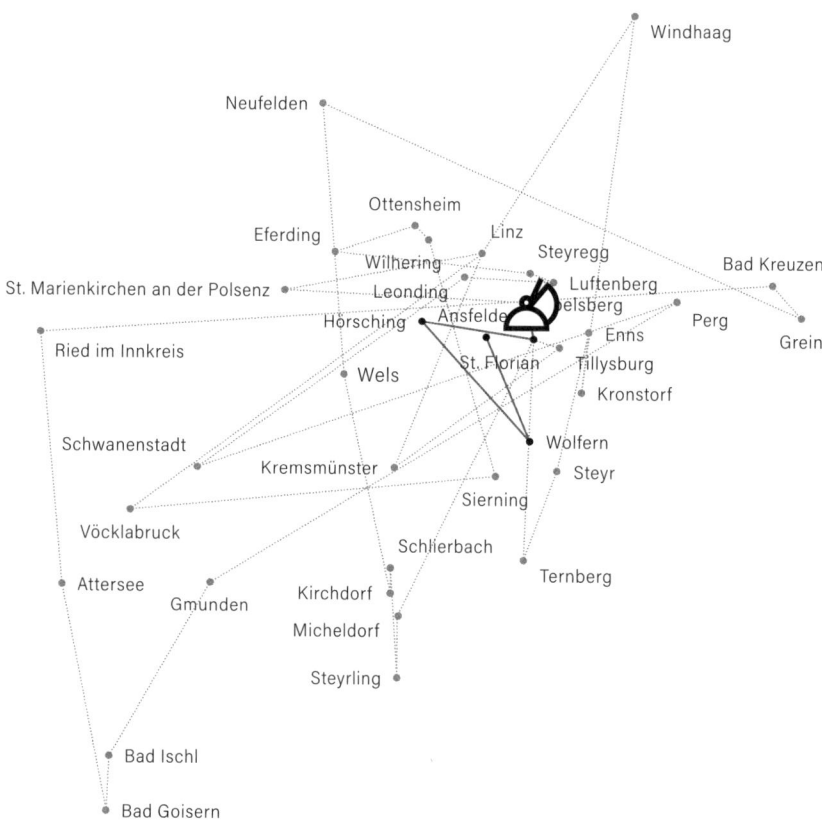

4030
## **Ebelsberg**
Öwisbeag
48° 15′ N, 14° 20′ O

# Wie arm

Maria Jansky kennt die Armut, das Armutszeugnis des modernen Sozialstaates. Über vierzig Jahre lang hat die Sozialarbeiterin mit großem Herz und großer Lebensklugheit mit vielen Ausprägungen und Erscheinungsformen des Armseins zu tun gehabt. Am wenigsten noch bei ihrem ersten Job als Heimerzieherin in der Spattstraße, bei dem sie gelernt hat, auf der rauen See der Arbeit mit Mädchen aus beziehungsweise in schwierigen Verhältnissen unbeirrt am Kurs der Klarheit festzuhalten, um nicht zu kentern und unterzugehen. Zur Genüge aber dann im Eltern-Kind-Zentrum von Ebelsberg, wo sie seit bald vier Jahrzehnten unter dem Schloss an der Traun lebt.

In den von ihr dort einberufenen Runden mit alleinerziehenden Müttern hat sie die Last des chronischen Mangels kennengelernt: abgetauchte Kindesväter, ausbleibende Unterhaltszahlungen, abgebrochene Ausbildungen, prekäre Verhältnisse von der Arbeit bis zum Haushaltsbudget und mangels Anspruch auf öffentliche Kinderbetreuung auch keine Aussichten auf einen einträglichen Job.

Was Jansky dabei mehr als alles andere entwickelt hat, ist weder Resignation noch Wut auf Gesellschafts- und Wirtschaftsstrukturen, die solches hervorbringen. Sondern Hochachtung vor der menschlichen Fähigkeit, sich auch unter harten Bedingungen zu behaupten, permanentem Druck standzuhalten und allen Widrigkeiten zu trotzen.

Janskys sukzessive erworbene Fähigkeit, beim Anhören auch der tragischsten Geschichten stets mitfühlend zu bleiben, statt mitleidend zu werden, macht sich auch bei ihrer ehrenamtlichen Arbeit in der Ebelsberger Pfarrcaritas bezahlt – einem Engagement, dem sie auch nach ihrer Pensionierung als Magistratsbedienstete treu geblieben ist. Dabei spricht sie mit Menschen, die sich in wirtschaftlichen Notlagen an die Pfarre wenden. Oder solchen, die es in einer Art Glücksrittermentalität auf einen Versuch ankommen lassen, diese Ressource anzuzapfen.

Um die einen von den anderen zu unterscheiden, führt Jansky mehrstündige Gespräche, macht Hausbesuche, geht Einnahmen wie Ausgaben durch und versucht sich ein ganzheitliches Bild von den Menschen und ihrem systemischen Umfeld zu machen. Was fast alle Betroffenen eint, ist der verbissene Versuch, ihre Armut zu verstecken – oder, wenn das nicht gelingt, sich selbst.

In all den Jahren, in denen Jansky Einsicht in die Schlupfwinkel der Armut bekommen hat, hat sich daran nichts geändert. Was sich geändert hat, ist lediglich die Gesellschaftswirklichkeit. Infolge der Digitalisierung des Zusammenlebens, in dem der Armutsraum der Isolation mit zahlreichen Chatkontakten dünn furniert ist.

Unterhaltungen in virtuellen Räumen können sich allenfalls die Visionärsten und Fantasiebegabtesten der Menschen vorstellen, die anno 1837 leben. Jenem Jahr, in dem sich für Familie Bruckner mit dem sich schon länger angekündigt habenden Tod von Schulmeister Anton senior alles ändert: Theresia Bruckner wird Witwe und Alleinerzieherin von Halbwaisen im Alter von ein bis acht Jahren; der bereits dreizehnjährige Anton kommt nach Sankt Florian. Auch für den Rest seiner Familie wird die Wohnadresse zwangsläufig eine andere: Im Fall von Familie Bruckner kommt das Ableben des Vaters de facto einem Delogierungsbescheid gleich. Denn die Schulmeisterwohnung steht nun dem Nachfolger zu. Binnen weniger Tage haben die Bruckners das Haus zu räumen.

In ihrer Not entscheidet sich Mutter Theresia für einen Umzug nach Ebelsberg, wo sie Bekannte hat. Als Beamten- und Wirtstochter aus gutsituierter Familie stammend, ist sie fortan mit den bis heute klassischen Problemen einer Alleinerzieherin ohne Berufsausbildung konfrontiert. Für die Übersiedelung mit den Kindern und einer bescheidenen Fuhre Hausrat muss ein Leiterwagen reichen, mit dem die Bruckners in Ebelsberg eintreffen. Das nicht mehr erhaltene Äußere Schmiedhaus, das heute ein Adressschild mit der Aufschrift „Kremsmünsterer Straße 2" trüge und vis-à-vis dem Volkshaus stünde, ist die erste und die letzte, aber nicht einzige Wohnadresse von Theresia Bruckner in Ebelsberg: Fünf Wohnstattwechsel später zieht sie wieder dort ein.

Vom Pensions-Institut für Schullehrer-Witwen und -Waisen bezieht sie eine minimale Basisabsicherung, die sie mit Hilfs- und Wascharbeiten aufbessert. Dazu kommen fallweise Zuwendungen des Armeninstituts der Pfarre Ansfelden, das man sich wohl wie eine Vorläuferin der heutigen Pfarrcaritas vorstellen kann, sowie finanzielle Unterstützung durch mehrere Ebelsberger Familien.

Um 1850 entspannt sich Frau Bruckners wirtschaftliche Lage, als der Erstgeborene Anton in seiner Funktion als Domorganist in Linz schon gut genug verdient, um seine Mutter alimentieren zu können. Sein Ansinnen, sie im von Tochter beziehungsweise Schwester Nani geführten Haushalt am Linzer Pfarrplatz aufzunehmen, scheitert am mütterlichen Veto: Sie sei nicht für die Stadt geschaffen und bleibe daher lieber im damals noch ländlichen Ebelsberg, wo sie am elften November 1860 im Alter von neunundfünfzig Jahren verstirbt. Ausgezehrt und tuberkulosekrank.

„Der ehrfurchtsvoll Gefertigte kann und darf seiner kranken Nerven wegen nicht mehr so angestrengt wie früher seinen angewiesenen Nebenverdiensten nachkommen. Da er sich durch seine absolvirten Studien die Komposition zu einer Hauptaufgabe des Lebens gestellt hat, welche ebenfalls die Nerven sehr in Anspruch nimmt, hat er doppelt dringend freie Zeit zur Erholung nötig. Da ferner die Theuerung immer wächst, der jährliche fixe Gehalt aber (448 fl. C. M.) für die Gegenwart gewiß zu geringe ist, so wagt der Gefertigte in Folge gnädigster Erlaubnis von Seite des hochw. Bischofs die ehrfurchtsvolle Bitte: das hochw. bischöfl. Ordinariat wolle eine Gehaltserhöhung oder jährliche Personal-Zulage gnädigst befürworten."

Aus einem Gesuch an das bischöfliche Konsistorium Linz

4076
# Sankt Marienkirchen an der Polsenz
Såmarei
48° 16' N, 13° 56' O

## Prost mit Most

Landschaften sind nicht nur Lebensräume, sondern auch begehbare Geschichtsbücher, in denen sich die politischen, wirtschaftlichen und baulichen Entscheidungen der Vergangenheit konkretisiert und materialisiert haben. Manche dieser Entscheidungen liegen schon lange zurück und prägen den Charakter einzelner Landstriche dennoch bis zum heutigen Tag. Wie zum Beispiel die sowohl von der österreichischen Kaiserin Maria Theresia (respektive ihrem Regierungsapparat) als auch vom französischen Feldherrn und Regenten Napoleon Bonaparte getroffene Anordnung, auf den Wiesen rund um die bäuerlichen Höfe und entlang der Wege und Straßen Obstbäume in Hülle und Fülle zu pflanzen. So entstehen die Streuobstwiesen.

Von Nährstoffen und Vitaminen hat man noch keinen Begriff, doch beide Herrscher haben Ähnliches im Sinn: Die Versorgung der Menschen mit frischen und gesunden Lebensmitteln. Der feine Unterschied liegt quasi in der Zielgruppe, denn während es Maria Theresia um die Bevölkerung geht, ist es Napoleon um die Versorgung seiner Truppen getan. Den Alleebäumen ist über den Obstertrag hinaus auch die Funktion von Schattenspendern für die marschierenden Soldaten zugedacht.

Das weiß auch Friedrich Biermeier, der mit einigen anderen Herren im nunmehr reiferen Alter das Mostmuseum von Sankt Marienkirchen an der Polsenz eingerichtet hat. In seiner sanft und fast musikalisch gewellten Heimatgegend, in der sich die Streuobstwiesen gut gehalten haben – anders als im Rest von Österreich, wo der Obstbaumbestand von dreißig Millionen Exemplaren anno 1930 auf gegenwärtig viereinhalb Millionen zurückgegangen ist.

Dass an der Polsenz landschaftlich noch vieles beim Alten ist, hat mehrere Gründe. Der wichtigste liegt in den abschüssigen Schlierböden, die ohne tiefwurzelnde Bäume schon längst erodiert wären; ein anderer im idealen Klima und noch ein weiterer in den Erhaltungs- und Rekultivierungsbemühungen des Naturparks Obst-Hügel-Land. Das Mostmuseum ist eine seiner Kulturattraktionen.

Will man es besuchen, braucht man sich bloß telefonisch einen Besichtigungstermin mit Kustos Biermeier oder seiner zuvorkommenden Frau Maria ausmachen, um pünktlichst und freundlich im Allerheiligsten des Museumsvereins empfangen zu werden: dem über dreihundert Jahre alten dreigeschoßigen Getreidespeicher der Pfarre, der zu ebener Erde auch als Mostpresshaus gedient hat. Betritt man ihn, landet man direkt in einem Teil der Lebenswirklichkeit von Bruckner, dem die Kinderarbeit des Mostobstklaubens auf der Wiese ebenso wenig fremd ist wie der Genuss des vergorenen Apfel-Birnen-Mischgetränks mit sechs bis acht Volumsprozent Alkohol, das – glauben wir seinem Biografen Wolfgang Johannes Bekh – bis zu seiner Übersiedelung nach Wien sein bevorzugtes Getränk und Stimulans bleibt.

Mit an Sicherheit grenzender Wahrscheinlichkeit wird Bruckner bei seinen mindestens zwei Aufenthalten im Ort mit dem so klangvollen und rhythmischen Namen mit dem früher auch liebevoll als „Landessäure" bezeichneten Most bewirtet. Denn Sankt Marienkirchen ist gemeinsam mit der Scharten – dem Nachbarort, mit dem man um die bessere Qualität rivalisiert – schon im neunzehnten Jahrhundert berühmt für seinen Most, der kleinräumig auch per Direktzustellung in die Wirtshäuser nach Linz und Wels exportiert wird. In liegend gelagerten Fässern auf Pferdewägen, wie einer im ersten Stock des Mostmuseums steht.

Fragt man Friedrich Biermeier, wie ein Most zu Bruckners Zeiten geschmeckt habe, wird er lachend seinen schmucken Goldzahn aufblitzen lassen und erwidern, dass es schon damals so wie heute die Bauern gegeben habe, die einen ausgezeichneten Most zu machen verstanden hätten. Und andere, die eben weniger gute Ergebnisse hervorgebracht hätten. Auf ganz reifes und gutes Obst komme es an, das man nicht pflücken oder vom Baum schütteln dürfe, sondern nur aus der Wiese sammeln; auf peinlich sauber geputzte Fässer und dann noch auf einen Mostkeller mit einer zwecks optimaler Gärung möglichst schwankungsfreien Temperatur. Heute gebe es ja, sagt Biermeier, Großbetriebe, die Most wie Wein in Nirosta-Tanks unter exakt kontrollierten Bedingungen vergären würden, aber die Mostbauern und -genießer der alten Schule seien sich einig, dass diesem Most das gewisse Etwas fehle.

Schräg vis-à-vis des Mostmuseums liegt direkt vor der Kirche Bruckners Gastgeber in seinem Grab: der Schulmeister und Organist Vinzenz Seiberl. Bruckner lernt ihn über dessen Söhne kennen, mit denen er jahrzehntelange Freundschaften unterhält. Karl Seiberl ist ein Florianer Sängerknaben- und späterer Chorkollege bei der Linzer Liedertafel „Frohsinn", der Bruckner als Jurist immer wieder in Rechtsfragen berät; Karls Bruder Josef ist ein Mitstudent in der Lehrerausbildung an der Präparandie in Linz.

Bruckner ist erst vierzehn oder fünfzehn, als er 1839 für mehrere Tage bei den Seiberls eingeladen ist. In der gotischen Kirche des Dorfs revanchiert er sich für ihre Gastfreundschaft, indem er bei einem Hochamt den Orgelpart einer Messe von Joseph Preindl übernimmt und das „Instrument in schönen Präludien zum Staunen aller Zuhörer frei bearbeitet". Schulmeister Seiberl dirigiert vom Geigenpult aus.

Dreizehn Jahre später erklingt in der Marienkirche wieder etwas von Bruckner: zwei *Totenlieder*, die sich Vater Seiberl von Bruckner erbeten hat. Wir können uns vorstellen, dass beide Stücke großen Eindruck bei der Trauerfeier gemacht haben – und dass bei der auf die Bestattung folgende Zehrung Most serviert worden ist.

**Anton Bruckner zum Nachhören**

## **Zwei Totenlieder**, WAB 47/1 & 47/2

Für wessen Begräbnisse die zwei *Totenlieder* im Sankt Marienkirchener Gotteshaus erstmals gesungen worden sind, ist nicht überliefert. Das erste der beiden Stücke für gemischten Chor a cappella ist „langsam", das zweite „getragen" zu singen. Indem Bruckner das eine wie das andere für vier gemischte Stimmen schreibt, weicht er von der weiter verbreiteten dreistimmigen Totenlied-Form ab.

WAB 47/1
Chorvereinigung Anton Bruckner,
Philipp Sonntag, Christian Schmidbauer

WAB 47/2
RIAS Kammerchor, Łukasz Borowicz

4020
# Linz I
Linds
48° 18′ N, 14° 17′ O

## Gefesselt

Im Schatten des Musiktheaters im Volksgarten ist das Linzer Landestheater auf gewisse und undankbare Weise wieder ein Stück weit in der Versenkung verschwunden. Wie seine Vergangenheit, in der es einmal „landschaftliches Theater" geheißen hat und nicht im Verdacht gestanden ist, historisch sonderlich schicksalshaft zu sein. Doch neben der von beiden gerne aufgesuchten Franz-Josef-Warte am Freinberg ist das Linzer Landestheater nolens volens der Ort, an dem sich die Leben von Anton Bruckner und Adolf Hitler über eine zeitliche Distanz von mehr als sechzig Jahren berühren. Ob sie davon etwas gespürt haben?

Da sich die Lebenszyklen der beiden nur minimal überschneiden – Bruckner stirbt, als Hitler sieben ist – bleibt die Beziehung zwischen den zwei zwangsläufig einseitig.

So wohldokumentiert Hitlers Leidenschaft für Bruckner ist, so spekulativ muss die Erwägung bleiben, was Bruckner wohl von seinem Verehrer gehalten hätte. Hätten sie zur selben Zeit gewirkt, wäre Bruckner bestimmt auf Hitlers Künstlerliste der „Gottbegnadeten" gekommen, und der Karrierist, Konservative und Obrigkeitshörige in

Bruckner hätte vielleicht auf den musikbegeisterten „größten Führer aller Zeiten" gesetzt.

Wie dem auch sei: An biografischen und mentalen Bezugspunkten zwischen den zeitlich Ungleichen fehlt es jedenfalls nicht. Beide haben eine Vergangenheit als Sängerknabe (Hitler die seine im Stift Lambach) und beide ein kompliziertes Verhältnis zu Frauen. Dabei instrumentalisieren beide ihren jeweils besten Freund zur Informationsbeschaffung (Hitler seinen Jugendfreund August Kubizek zur Auskundschaftung der von ihm aus der Ferne angebeteten jungen Linzerin Stefanie Isaak). Beide brennen für Richard Wagner, sein Werk und Bayreuth, und beide bleiben in Wien zunächst – wenn auch unterschiedlich lange – künstlerisch und anderweitig erfolglose Außenseiter aus Oberösterreich.

Dessen bestes Bühnenhaus ist seiner unübersehbaren Provinzialität zum Trotz schon in Bruckners jungen Jahren um künstlerische Tuchfühlung mit der Gegenwart bemüht: Karl Zappe, Domkapellmeister und Konzertmeister des Theaters, bringt hier noch ziemlich taufrische neue Musik aus der großen weiten Welt auf die Bühne. Als sechzehnjähriger Student an der Präparandie der k. k. Normalhauptschule in der Hofgasse hört der pubertierende Bruckner hier unter anderem die *Freischütz*-Ouvertüre von Carl Maria von Weber und Beethovens *Vierte Sinfonie*. An seiner Seite lauschen drei Ausbildungskollegen, unter ihnen Bruckners „bester College" Josef Seiberl aus Sankt Marienkirchen an der Polsenz. Sie alle haben sich zwanzig Kreuzer für den Eintritt geleistet, die für Bruckners bereits in Ebelsberg lebende Mutter ein Wochenbudget darstellen.

Wenn man so will, ist der Theaterbesuch ein Vorspiel zu Bruckners kultureller Emanzipation von der katholischen Kirche, denn im Stift Sankt Florian hat man ihn nachdrücklich darauf hingewiesen, sich vom Theater fernzuhalten. Der frühreife Hitler hingegen verbucht seinen ersten, von Leonding aus getätigten Linzer Theaterbesuch bereits mit zwölf Jahren anno 1901, als Bruckner bereits seit fünf Jahren tot ist.

„Die oberösterreichische Landeshauptstadt besaß damals ein verhältnismäßig nicht schlechtes Theater", erinnert sich der erwachsene Hitler später. „Gespielt wurde so ziemlich alles. Mit zwölf Jahren sah ich da zum erstenmal ‚Wilhelm Tell', wenige Monate darauf als erste Oper meines Lebens ‚Lohengrin'. Mit einem Schlage war ich gefesselt. Die jugendliche Begeisterung für den Bayreuther Meister kannte keine Grenzen. Immer wieder zog es mich zu seinen Werken, und ich empfinde es heute als besonderes Glück, daß mir durch die Bescheidenheit der provinzialen Aufführung die Möglichkeit einer späteren Steigerung erhalten blieb." Schenkt man Jugendfreund Kubizeks Aufzeichnungen Glauben, soll Hitler beim Besuch einer *Rienzi*-Inszenierung beschlossen haben, Volkstribun zu werden.

Auch Bruckners maßlose Begeisterung für Wagner entbrennt am Linzer Landestheater. Allerdings nicht im Auditorium: Für die Linzer Erstaufführung des *Tannhäuser* anno 1863 studiert Chormeister Bruckner mit der Liedertafel „Frohsinn" den Pilgerchor ein. Dirigent der Aufführung ist Bruckners Lehrer Otto Kitzler. Dreiunddreißig Jahre später, in Bruckners Todesjahr 1896, wird der Linzer Musikdirektor August Göllerich junior heißen – und Kubizek wie Hitler als

Wagner-Dirigent begeistern. Als Bruckner-Biograf und -Bekannter setzt sich Göllerich in Linz aber auch mit Nachdruck für Bruckners Werk ein und initiiert bis 1922 zehn große Aufführungen. Ihre große Resonanz muss auch den jungen Hitler erfasst haben, der in seiner zweiten Herzkammer – die erste ist schon von Wagner besetzt – noch ausreichend Platz für Bruckner findet. Bruckners Büste ist die erste und einzige, die Hitler, schon als Reichskanzler, 1938 in der Walhalla enthüllt, wofür Hitler seinerseits die erste von der Internationalen Bruckner-Gesellschaft verliehene Ehrenmedaille zuteilwird.

Bereits als Jugendlicher setzt sich Hitler in den Kopf, Linz für Bruckner mit einer „Bruckner-Halle" zu einem Ort zu machen wie Bayreuth einer für Wagner ist. Nach einer Jugendidee von Hitler werden in Sankt Florian 1942 der Bruckner-Chor Sankt Florian und das Reichs-Bruckner-Orchester als künftiges „Orchester des Führers" gegründet. Seine Mitglieder werden 1943 am Sarkophag Bruckners vereidigt. Als Hitler am 30. April 1945 seiner Festnahme im umzingelten Führerbunker durch Suizid zuvorkommt, warten die Überreste des deutschen Rundfunks bis zum 1. Mai mit der Bekanntgabe seines Todes zu. Die dazu eingespielte Trauermusik stammt von Bruckner: Das Adagio aus der *Siebten Sinfonie*, deren Coda bereits ursprünglich als Trauermusik gedacht war – für Richard Wagner.

Anton Bruckner zum Nachhören

## Vaterländisches Weinlied, WAB 91

„Wer möchte nicht beim Rebensaft des Vaterlands gedenken?", fragt der Text von *Germanenzug*-Dichter August Silberstein, dessen Gesinnung die Gegenfrage nahelegt, ob es sich dabei um österreichisches oder deutsches Territorium handele. Das „Trinklied mit höherem moralischen Hintergrund", als das es Bruckner-Biograf Göllerich bezeichnet, ist stramme zwölf Takte kurz – vermutlich, um die Zeit bis zum nächsten Zuprosten zu verkürzen.

*Vaterländisches Weinlied*, WAB 91
Männerchor Bruckner 12, Thomas Kerbl

4263
# **Windhaag**
Windhåg
48° 35' N, 14° 34' O

# Im Krebsgang

Die Bewegtsprachbilder, die Biograf Bekh von Bruckners Eintreffen in Windhaag zeichnet, erinnern an das Intro eines erstklassigen Westerns wie *Dead Man* von Jim Jarmusch: Sie zeigen einen nervös angespannten Siebzehnjährigen auf seiner Reise ins halb Ungewisse. Zuerst sehen wir den frischgebackenen Hilfslehrer in der neuen Pferdeeisenbahn von Linz nach Budweis sitzen. Dann mit seinem Gepäck in Freistadt aus der Tür klettern und sich etwas ratlos umsehen. Denn wiewohl sein Reiseziel Windhaag „bei Freistadt" heißt, sind es noch gute fünfzehn Kilometer bis in seinen ersten Dienstort.

Der jugendliche Protagonist hat Glück: Ein Bauer aus Sandl bietet ihm eine Mitfahrgelegenheit in seinem Pferdewagen an. Als die Straßengabelung erreicht ist, muss Bruckner absteigen und den Rest des Weges zu Fuß gehen. Es ist der erste Oktober 1841 und in Kenntnis der auf den jungen Lehrer zukommenden Leidenszeit fast unmöglich, sich die Szene bei Windstille, Sonne und in Farbe vorzustellen. Stattdessen sehen wir Bruckner mit eingezogenem Kopf gegen den scharfen Wind durch den kalten Nieselregen vorwärtsgehen, während wie bei Jarmusch die gespenstisch einsame Gitarre von Neil Young auf der Tonspur flackert.

Die schmale Straße verengt sich immer weiter, um als Wiesenweg im abgeschiedenen Windhaag mit seinen fünfunddreißig Häusern auf siebenhundertdreiundzwanzig Metern Seehöhe zu münden. Dort wird der Neuankömmling mit verschränkten Armen empfangen und gleich in die Pflicht genommen: von seinem Vorgesetzten, der dem Namen Franz Fuchs schon Jahrzehnte vor dem bajuwarischen Briefbombenattentäter aus der Steiermark einen unschönen Beiklang verleiht. Der Schulgehilfe wird in einem acht Quadratmeter kleinen Verschlag nur unwesentlich besser gehalten als das Vieh und mit einem Jahresgehalt von „12 Gulden Münz" schlechter bezahlt als alle Kollegen weitum. Im Winter beginnt der Arbeitstag um fünf, im Sommer bereits um vier. Bruckner muss ackern, Holz und Heu machen, Erdäpfel einlegen und ernten, dreschen, zum Gebet läuten, ministrieren und Orgel spielen. Dass er Schulmeister Fuchs, der eine Orgel im Familienwappen führt, darin um Lichtjahre voraus ist, garantiert ihm den ewigen Hass seines missgünstigen Chefs.

Ihm hat Bruckner natürlich auch in der alten Dorfschule gegenüber der Kirche zu assistieren und sich vor den Kindern demütigen zu lassen. Sie schätzen den „verrückten Gehilfen" dennoch wegen seiner Sanftheit.

Trost und ein stattliches Zusatzeinkommen verschafft sich Bruckner als nächtelang aufspielender mostberauschter Tanzgeiger, an der Orgel sowie bei den Familien Süka und Jobst, deren Kinder er privat unterrichtet. Auf langen Spaziergängen wird er von den irritierten

Windhaagern beim Festhalten musikalischer Einfälle auf unter der Kappe mitgeführtem Notenpapier beobachtet. Komponierend sieht man ihn auch wiederholt auf dem „singenden Stein" am Windhaager Bach hinter dem Schulhaus sitzen.

Aus diesem Bach und vielleicht auch aus der Maltsch holt sich Bruckner das lebende Material für eine, wie man heute wohl sagen würde, performative Installation, die eines Abends ganz Windhaag in Aufruhr versetzt: Er setzt Krebse mit brennenden Wachskerzen auf den Panzern am Friedhof aus und lässt sie zwischen den Gräbern irrlichtern.

Wie Magdalini Christodoulou in ihrer Eigenschaft als Leiterin der Abteilung für Wirbellose Tiere am Biologiezentrum des Landes Oberösterreich weiß, muss es sich bei den Tieren um den Edelkrebs Astacus astacus oder Austropotamobius torrentium gehandelt haben, die noch immer in Windhaag heimisch sind. Allerdings würde Bruckner heute unweigerlich auch Exemplare der eingeschleppten invasiven Art Orconectes limosus fangen. Falls er seine Darsteller wieder zum Bach zurückgebracht haben sollte, haben sie die Aktion vermutlich überlebt – zumal das Exoskelett der Tiere aus Chitin nur schwer entflammbar ist. Wie groß ihre vom tropfenden Wachs bereiteten Schmerzen gewesen sind, kann Christodoulou nicht genau sagen: Laut gegenwärtigem Forschungsstand sind auch Krebse schmerzempfindlich; in welchem Ausmaß ist allerdings noch unbekannt.

Auch das Ausmaß von Bruckners Leiden in und an Windhaag bleibt unquantifiziert. Aber unvergessen, denn Bruckners posthume Lehrerkollegin Irmgard Maria Quass steckt ihre Energie und ihr Geld in die Verwandlung des alten Schulhauses in einen Ort des adäquaten und aufgeklärten Gedenkens an den jungen Bruckner. 1938 gelangt das Haus in den Besitz von Quass' Großeltern.

Bereits die Großmutter weiß intuitiv um den kulturhistorischen Wert der Immobilie, in der Quass mit ihrer sechsköpfigen Familie und ihrer heute noch hochbetagt darin lebenden Tante aufwächst. Wie später auch der Vater, der im Haus eine Tischlerei betreibt – an die noch heute ein Sargstapel auf dem Dachboden erinnert –, bemüht sich Großmutter Quass bei Politik und Behörden vergeblich um die offizielle Musealisierung des Ortes, der schon in Irmgard Quass' Kindheit und Jugend häufig von Bruckner-Fans aufgesucht wird.

Als Enkeltochter, Tochter und Kulturbegeisterte übernimmt sie es nun auf eigene Faust, die Mission ihrer Familie zu einem guten Ende zu bringen. Die ehemalige Schulmeisterstube im Erdgeschoß links ist dank der rührigen Hausbesitzerin bereits renoviert und beherbergt als halb öffentlicher, halb privater „Anton Bruckner Salon" viele Familien-, Bruckner- und Windhaager Memorabilien. Darunter eine Bruckner-Handschrift und das sorgfältig aufbewahrte Gästebuch, das mit Danksagungen für die Führungen von der Gastfreundschaft der Familie für alle „Bruckner-Freunde" kündet, wie die internationalen Besucher im Hause Quass seinerzeit genannt werden.

Anton Bruckner zum Nachhören

## „Windhaager" Messe in C-Dur, WAB 25

Lange haben die Windhaager – und nicht nur sie – in der Überzeugung gelebt, der hochmusikalische und für sie etwas undurchschaubare Schulgehilfe habe die Messe für Altstimme, zwei Hörner und Orgel für die von ihm verehrte Maria Jobst geschrieben. Bis sich herausgestellt hat, dass es sich bei der Widmungsträgerin um deren Schwester Anna gehandelt haben muss – was für die *Missa brevis* („kurze Messe") selbst einerlei ist.

*„Windhaager" Messe in C-Dur*, WAB 25
Gabriela Thierry, A. Duprat Esperón,
Alejandro Giacoman

4484
# Kronstorf
Gronsdoaf
48° 9′ N, 14° 28′ O

## Die Qual der Zahl

Damit sich eine Gastwirtschaft, Nahversorger wie Bäckerei und Greißlerei oder ein Postamt rechnen, braucht ein Ort des menschlichen Zusammenlebens zweifelsohne eine bestimmte kritische Größe. Doch die Summe der Ortsbewohner allein macht die Lebensqualität noch nicht aus. Die ist durchaus auch eine Frage ihrer Mentalität. Mit nicht mehr als hundert Einwohnern ist Kronstorf 1843 bloß ein Drittel so groß wie Windhaag, doch dass Bruckner sich unter den Menschen an der Enns nach der Zeit im Norden nach eigenem Bekunden „wie im Himmel" fühlt, darauf ist man in Kronstorf noch heute stolz.

Mit der Versetzung aus dem Mühlviertel ermöglicht der Bruckner freundlich gesonnene Propst Michael Arneth aus Sankt Florian dem Schulgehilfen einen Tapetenwechsel, der Bruckner befreit aufleben lässt.

Dank der fruchtbaren Böden und dem im Vergleich zu Windhaag auch meteorologisch milderen Klima erwirtschaften die vermögenden Bauernfamilien ihren Lebensunterhalt deutlich entspannter als im Norden. Was ihnen offensichtlich genug zeitlichen und geistigen Freiraum verschafft, um Sinn für Kultur und Musik haben zu können.

In seinen zwei Jahren im Alten Schulhaus mit der heutigen Postanschrift „Brucknerplatz neun" erfährt nicht nur der Lehrer, sondern insbesondere auch der Musiker Bruckner viel Ermutigung und Wertschätzung. Retrospektiv scheint es, dass sich Bruckner hier seiner musikalischen Ausnahmebegabung vollumfänglich bewusst wird: Erstmals signiert er zwei musikalische Arbeiten als „Componist".

Anders als in Windhaag wird sein ehrenamtliches Engagement als Kirchenorganist hier goutiert, und der Kronstorfer Großbauer Michael Födermayr überlässt dem Tastenvirtuosen zum Üben sogar sein Spinett. Auch außerhalb der Pfarrgemeinde bringt sich Bruckner ins Dorfleben ein, indem er kurz nach seiner Ankunft 1843 ein Männergesangsquartett gründet.

Dessen Mitglieder sind selbst für ein Kindergartenkind mühelos an einer Hand abzuzählen, und obschon Bruckner das Leben in Kronstorf genießt, ist nicht auszuschließen, dass sich auf seinen Schultern nicht bereits ganz zart schon eine erste Empfindung des Drucks jener schweren psychischen Last bemerkbar macht, die Bruckner vor allem in der zweiten Hälfte seines Lebens zu tragen hat: die besser als Zählzwang bekannte Arithmomanie.

Diese rituelle Form von Zwangsstörung erlegt es den von ihr Betroffenen auf, sich selbst unaufhörlich Rechen- und Zählaufgaben zu stellen. Während die eine Gruppe der Arithmomanen zwanghaft abstrakte Additionen durchführt oder geistig bestimmte Zahlenfolgen durchgeht, gehört Bruckner zum anderen Teil, der nicht anders als zählen kann: alles, was sich eben zählen lässt. Wie etwa die Perlen an der Halskette und einem Salonkleid von Betty von Mayfeld, Bruckners Mäzenin und Gastgeberin in Schwanenstadt sowie seine Mitpatientin in Kreuzen. Vor der Einweisung dorthin erreicht Bruckners Zählzwang ihren absoluten Höhepunkt.

Was die für sich harmlose Beschäftigung zum Leiden macht, ist zum einen die Unmöglichkeit, damit aufzuhören. Zum anderen sind mit dem Zählzwang zumeist große Ängste und Katastrophengedanken verbunden: Zählzwängler wie Bruckner rechnen mit bestrafenden Unglücks- und Unfällen, falls sie den inneren Auftrag zum Zählen nicht erfüllen; viele von ihnen haben eine persönliche Werteskala mit als bedrohlich und harmoniestiftend empfundenen Zahlen und beurteilen jede Situation nach aktuellem Zählungsergebnis als ungefährlich oder bedrohlich.

Da die Medizin zu Bruckners Zeit noch keine Heilung anzubieten hat, gelingt auch Bruckner keine vollständige Befreiung vom Zwang, der heute medikamentös sowie mit kognitiven Verhaltenstherapien behandelt werden kann. So muss Bruckner damit leben, dass die Störung viel Energie bindet und verbraucht. Denn ein erheblicher Teil der Kapazitäten in seinem persönlichen Rechenzentrum unter der Schädeldecke ist vom fruchtlosen Zählen beansprucht.

Die Zähl- und Rechenkapazitäten selbst eines musikalisch so großen Geistes wie Bruckner sind indes nichts verglichen mit denen des Internetgiganten Alphabet, dessen Suchmaschine Google zu den Instanzen der digitalen Welt gehört, die ihrerseits einem Zählzwang sondergleichen gehorcht: dem unwiderstehlichen Drang, alles zählbar und zu Big Data zu machen.

Das erfordert ungeheure Rechenleistungen, wie sie Alphabet respektive Google bald auch in Kronstorf zur Verfügung stellen wird: In einem Rechenzentrum auf einem fünfzig Hektar großen Areal südlich des Ortszentrums, für das bereits ein eigenes Umspannwerk errichtet worden ist. Wenn es soweit ist, werden darin Abertausende Server laufen, auf denen wiederum eine astronomische Zahl virtueller Server liegen werden: Dateien, die je nach ihrer Aufgabe nach oben oder unten in Echtzeit skaliert werden und es den Nutzern der rund fünfzig Google-Produkte respektive deren Endkunden erlauben, riesige Datenbanken mit Milliarden von Einträgen in Sekundenbruchteilen zu durchforsten.

Das Betreten von Rechenzentren wie diesen ist Betriebsfremden selbstverständlich streng verboten. Doch gesetzt den Fall, Bruckner könnte eine Zeitreise in die Kronstorfer Gegenwart und Zukunft unter- und Einsicht in das Alphabet-Rechenzentrum nehmen: Bei allem Befremden über die unter hohem Energieaufwand gekühlten Rechnerreihen könnte der Besucher aus der analogen Vergangenheit wahrscheinlich gar nicht anders, als unverzüglich mit dem Zählen der Server zu beginnen.

Anton Bruckner zum Nachhören

## „Kronstorfer" Messe ohne Gloria in d-Moll,
WAB 146

Bruckners Zeit in Kronstorf ist so kurz wie produktiv: Innerhalb weniger Monate entstehen hier unter anderem die *Messe ohne Gloria in d-Moll*, die *Messe für den Gründonnerstag in F-Dur*, das Fragment einer *Missa pro Quadragesima in g-Moll* sowie die Kantate *Musikalischer Versuch* beziehungsweise *Vergißmeinnicht*. Die auch unter dem Namen *Kronstorfer Messe* bekannte *Messe in d-Moll* entsteht während Bruckners Studien bei Zenetti in Enns und ist vermutlich für die Fastenzeit des Jahres 1844 vorgesehen gewesen. Das Werk bleibt ein Fragment, dessen Sanctus Bruckner in die *Messe für den Gründonnerstag in F-Dur* übernimmt.

*„Kronstorfer" Messe ohne Gloria in d-Moll*,
WAB 146
RIAS Kammerchor, Łukasz Borowicz

4470
# Enns
Äns
48° 12' N, 14° 28' O

## Klassenbester

Sucht man nach Kompositionen von Leopold Zenetti, liefert Apple Music gar keine Ergebnisse. Apple Music Classic schlägt Miguel Zanetti, Giuseppina Zinetti, eine ältere Aufnahme von Bizet sowie *The Rare RAI Recordings* des italienischen Rundfunks vor. Ähnlich unergiebig ist der Algorithmus von Spotify, der bloß kümmerliche vier Treffer auswirft, die diese Bezeichnung nicht verdienen: Das moderne Couplet *Leopold* von Christin Henkel. Den Dialektbluesrocktitel *Moni* von Leopold Wien aus dem Album *Die Liebe und das Wirtshaus*. Das nicht näher recherchierbare *Souvenir de Moscow, Op. 507* von Leopoldo Francia in einer Interpretation von Camilla Finardi und Gabriele Zanetti. Sowie den unvergleichlichen Titel *Schnucki, ach Schnucki* von Hermann Leopoldi.

Grund genug, nicht wie im besagten Leopoldi-Gassenhauer nach „Kentucky" zu fahren („in der Bar Old Shatterhand schpüt a Indianerband"), sondern nach Enns, wo man einen Zenetti-Treffer in echt landet.

Heute bedarf es einiger Fantasie, sich Enns als die musikalische Hochburg zu imaginieren, als die Österreichs älteste Stadt im neunzehnten Jahrhundert überregional bekannt ist. Großen Anteil daran hat der aus einer Musikerfamilie stammende Leopold Edler von Zenetti, der von 1805 bis 1892 fast durchgehend in Enns lebt.

In der Stadtpfarrkirche betreibt er Multitasking als Organist, Chorleiter sowie Mesner und spielt darüber hinaus auch konzertreif Cello und Violine. Zenetti ist der Garant des hohen Niveaus der Kirchenmusik in Enns und personifiziertes musikalisches Bindeglied zum Stift im nahen Sankt Florian. Im örtlichen Musikbetrieb kennt man ihn auch als Vorstand des Ennser „Geselligkeits-Vereins", der das organisatorische Wagnis großer Konzerte eingeht. Mit alledem offenbar noch nicht ausgelastet, komponiert Zenetti auch, fungiert als Kopist und erteilt Musikunterricht als Privatlehrer.

Unter anderem auch dem jungen Lehrer Anton Bruckner aus Kronstorf, der zwölf Jahre lang regelmäßig nach Enns wandert, um sich in Zenettis Haus am Kirchenplatz Nummer fünf unterweisen zu lassen: im Orgel- und Klavierspiel sowie auf dem Gebiet der Theorie. Auf Zenettis Lehrplan stehen neben der Generalbasslehre nach Daniel Gottlob Türk insbesondere die Orgelchoräle und *Das wohltemperierte Klavier* von Bach.

Bruckner ist wie jeder ausgezeichnete Lehrer auch ein ausgezeichneter Schüler, wie ihn sich eine Koryphäe wie Zenetti nur wünschen kann: Während seiner Zeit in Kronstorf erscheint Bruckner dreimal die Woche zum Unterricht. Jedes einzelne Mal legt er dafür über zwanzig Kilometer zu Fuß zurück. An den Sonntagen absolviert Bruckner den Hin- und Rückweg gelegentlich zweifach, wenn er am Abend „noch schnell" die Ausarbeitung der von Zenetti beim

Unterricht am Vormittag auferlegten Hausaufgaben vorbeibringt. Erst als Bruckner als Lehrer und Organist nach Sankt Florian wechselt, geht die Frequenz der Stunden bei Zenetti zurück, dem er von 1843 bis 1855 als Schüler treu bleibt.

Zweifelsohne weiß Bruckner, was er an Zenetti hat. Umgekehrt muss sich von Zenetti glücklich geschätzt haben, jemanden wie Bruckner unterrichten zu können. Mit Ausnahme seines kurzen Gastspiels in Windhaag hat Bruckner seit seiner frühen Kindheit permanent Musikunterricht genommen und bekommen: daheim in Ansfelden bei Vater Anton Bruckner senior, in Hörsching bei seinem Cousin und Firmpaten Johann Baptist Weiß und in Sankt Florian unter anderem bei Stiftsorganist Anton Kattinger, der Bruckner zum Improvisationsmusiker ausbildet. Parallel zu Kattinger haben ihn Eduard Kurz, Franz Gruber und Franz Raab im Geigenspiel unterrichtet (Raab zusätzlich in Gesang).

An der Präparandie der k. k. Normalhauptschule in Linz hat Bruckner mit Johann August Dürrnberger an seinem Orgelspiel gearbeitet und darüber hinaus Harmonie- und Generalbasslehre sowie Choralgesang studiert.

In Enns und unter der Anleitung Zenettis findet der vielseitige Unterricht seine Fortsetzung auf der nächsthöheren Ebene. Streng genommen beginnt dort aber auch etwas, nämlich Bruckners lebenslange Fanbeziehung zu Richard Wagner. Von ihm erfährt er durch Zenetti, dem wiederum ein ehemaliger Florianer Mitschüler in einem Schreiben aus Dresden vom glänzenden Erfolg des *Fliegenden Holländers* berichtet.

Nach zwölfjährigem Privatissimum bei Zenetti studiert Bruckner von 1855 an weitere sechs Jahre bei dem zu seiner Zeit berühmten Theorielehrer und Hochschulprofessor Simon Sechter (von dem auf Spotify und Apple Music einige *Bagatellen* sowie die Variation eines Diabelli-Walzers abhörbereit stehen). Für die Fahrten zu Sechter nach Wien schifft sich Bruckner mitunter zum Spartarif auf Holzflößen und Paketbooten ein, wobei letztere nur der Fracht einen Schutz vor Wind und Wetter bieten, während die Passagiere draußen ausharren müssen.

Bruckners Respekt ist dem Wiener Fugenpapst schon allein deshalb sicher, zumal Sechter bereits Bruckners Idol Franz Schubert unterrichtet hat. Da sich die Distanz zwischen Wien und Linz seinerzeit noch nicht in fünfundsiebzig Hochgeschwindigkeitszugminuten, sondern nur in vielen Stunden zurücklegen lässt, hat Bruckners Ausbildung bei Sechter – von mehrwöchigen Präsenzseminaren im Sommer abgesehen – Fernstudiencharakter: Die Lektionen und Aufgaben kommen per Briefpost.

Trotzdem Bruckner die Ausbildung bei Sechter 1861 mit einer ganzen Reihe praktischer und theoretischer Prüfungen mit ausgezeichnetem Erfolg und den Zeugnissen abschließt, die dem Studenten so viel bedeuten, betrachtet sich Bruckner weiterhin als wissensbedürftig. Und hängt bei Theaterkapellmeister Otto Kitzler in Linz weitere drei Semester an, ehe er sich nach weiterem Unterricht bei Kitzlers Nachfolger Ignaz Dorn endlich ausreichend theoretisch gerüstet für seine Arbeit fühlt.

Anton Bruckner zum Nachhören

## An dem Feste, das uns heute zu dem frohen Kreis vereint, WAB 59a

Der Urheber des Textes, den Bruckner als vierstimmigen Männerchor a cappella in Des-Dur vertont, ist niemand anderer als Pfarrexpositus Alois Knauer aus Kronstorf, den Bruckner mit dem *Vergißmeinnicht* bedenkt. Obschon die Worte von einem geistlichen Herrn stammen und mit dem Ennser Stadtpfarrer Josef Ritter von Peßler auch einem solchen gewidmet sind, handelt es sich um Bruckners erstes weltliches Chorwerk. Er schreibt es in Kronstorf, die Uraufführung aber – höchstwahrscheinlich durch den Geselligkeits-Verein – erfolgt am neunzehnten September 1843 in der Pfarrkirche von Enns.

*An dem Feste, das uns heute zu dem frohen Kreis vereint*, WAB 59a
Männerchor Bruckner 12, Thomas Kerbl

4400
## **Steyr**
Schdeia
48° 2′ N, 14° 25′ O

# Nur geträumt

Als der inzwischen an seinem zweiten Dienstort Kronstorf beschäftigte Schulgehilfe Bruckner auf Empfehlung seines Kompositionslehrers Zenetti in Enns im Hochsommer 1843 nach Steyr wandert, ist Steyr in Oberösterreich das, was wesentlicher später die Landeshauptstadt Linz sein wird: die prosperierende Stahlstadt mit viel Grün und regem Kulturleben, in dem dank mehrerer einschlägiger Gesellschaften und Vereinigungen, der Kirche und großbürgerlicher Förderer und Ermöglicher die Musik die Nase vorn hat.

Wie in Linz und Sankt Florian gibt es auch in Steyr eine vom geistlichen Orgelbauer Franz Xaver Krismann respektive Chrismann geplante und gebaute Orgel. Genau die ist das Ziel, um deretwegen Bruckner den schweißtreibenden Fußmarsch ins industrielle Zentrum des Landes antritt. Denn der Edle von Zenetti hat ihm dringend empfohlen, die Steyrer Krismann-Orgel zu behören und nach Möglichkeit auch zu bespielen.

Als der Zwanzigjährige in der Stadtpfarrkirche ankommt, sitzt, wie es heißt, gerade ein Kollege Bruckners an der Orgel: der Schubert spielende Schulgehilfe Georg Pointner aus Gleink. Nach Abschluss der

Übungseinheit nimmt Pointner den Gast zum Schlüsselretournieren in den Pfarrhof mit. Auf dem Weg dorthin kommt ihnen Pfarrer Plersch entgegen, der Bruckner sofort zum Orgelspiel nach Belieben autorisiert. Damit beginnt eine Art Liebesbeziehung zwischen Bruckner und Steyr.

In der deutlich älteren Karoline Eberstaller, der Legende nach die den Namen eines Steyrer Kaufmanns tragende Tochter eines napoleonischen Generals, findet Bruckner zum einen eine erste Partnerin für das Klavierspiel nach dem Vierhändeprinzip. Und zum anderen jemanden, der Franz Schubert – wie Bruckner ein Steyr-Afficionado – in seiner Kindheit nicht nur persönlich kennengelernt, sondern auch mit ihm musiziert hat.

Drei Jahre lang geht Bruckner in der Stadtpfarrkirche und dem dazugehörigen Pfarrhof ein und aus. Danach ist die Frequenz seiner Aufenthalte bis in die 1880er-Jahre rückläufig, um dann wieder anzusteigen. Pfarrer Plersch ist mittlerweile von Georg Arminger beerbt worden, der Bruckner über die Maßen schätzt – was auch auf Armingers Amtsnachfolger Johann Evangelist Aichinger zutreffen wird, womit Bruckner der Stadtpfarrhof als Feriendomizil dauerhaft offensteht.

Auch sonst entwickeln sich die Dinge für Bruckner in Steyr günstig: Kirchenchorleiter Franz Xaver Bayer setzt sich beherzt für Bruckners Arbeit ein und initiiert eine Reihe von Aufführungen. Bruckner bringt es zu einiger Lokalprominenz, die die Geburtstagsfeier seines Siebzigers zum Stadtgespräch macht und den in Mundart dichtenden Friseur Sepp Stöger dazu animiert, Bruckners Haare in der Hoffnung auf einen lukrativen Verkauf an Fans aufzubewahren. Obendrein gründen der Dirigent und Komponist Max – auch ein – Edler von Oberleithner und der Industrielle Carl Ameroth in Steyr 1890 ein „Consortium", das unter finanzieller Beteiligung des Grafenpaares Lamberg und Josef und Eduard Werndl als weiteren Wirtschaftsmagnaten eine Jahresrente von tausend Gulden – umgerechnet über siebzehntausendfünfhundert Euro – für Bruckner aufbringt.

Ein Traum, wie man alltagssprachlich sagen möchte, der Bruckner dazu animiert, von einem auf ewig verlängerten Steyr-Aufenthalt zu träumen. Denn bei seinen uferlosen Planungen in Sachen letzter Ruhestätte wird Steyr zu Bruckners Sankt-Florian-Alternative. Wäre sie schlagend geworden, lägen die grobstofflichen Reste Bruckners heute in einer Gruft auf der Ostseite des Steyrer Stadtfriedhofs.

Tatsächlich träumt Bruckner in Steyr, wo er die *Achte Sinfonie* fertigstellt und an der *Neunten* arbeitet, überaus intensiv. Mit lautstarken Folgen, denn offenbar auch in Steyr erscheinen Bruckner im Traum Bekannte, die ihm singend, pfeifend oder spielend ein Thema präsentieren. Welches der prompt erwachende Komponist sofort notiert und – in Steyr zum Leidwesen der Pfarrhofnachbarschaft – zu nachtschlafender Stunde stante pede am Klavier ausarbeitet.

Den Kopfsatz der *Siebenten Sinfonie* bekommt Bruckner im Traum von seinem Freund und letzten Lehrer Ignaz Dorn vorgepfiffen, der ihm dabei auch versichert, dass Bruckner damit sein Glück machen würde. Auch ein Motiv des *Te Deum* wird Bruckner eingegeben, wobei er im Traum mehrfach ermahnt wird, sich zwecks Notat unverzüglich zu erheben. Erzählt Bruckner davon, wirft er die hochspannende Frage nach der Urheberschaft auf, die er selbst gemäß Psalm hundertsiebenundzwanzig – „der Herr gibt es den Seinen im Schlaf" – zumindest nicht uneingeschränkt für sich beansprucht.

Bruckners produktive Träume bestätigen rückwirkend, was die Wissenschaft und Psychotherapeutin Brigitte Holzinger vom Institut für Bewusstseins- und Traumforschung in Wien schon lange wissen: Dass man tendenziell von dem träumt, was einen kurz vor dem Einschlafen noch beschäftigt hat. Nach über dreißigjähriger Auseinandersetzung ist Holzinger heute fester denn je überzeugt, dass Träume die größte und noch weitgehend ungenutzte Ressource vor allem für als sogenannte Kreative gestaltend tätige Menschen sind. Man müsse sich, sagt Holzinger, nur seiner Traumwelt zuwenden und sie ernst nehmen, so wie es Bruckner und die New Yorker Jazzmusiker getan haben, die ihr in vielen Gesprächen von kompositorischen oder interpretatorischen Heureka-Momenten im Schlaf berichtet haben.

Bruckner hat indes im Traum nicht nur empfangen, sondern auch gegeben. Verbürgterweise dem von ihm so verehrten Richard Wagner, dessen Gattin Cosima am zweiundzwanzigsten April 1881 in ihrem Tagebuch festhält: „Richard träumt, daß ein Papst mit dem Aussehen vom Musiker Bruckner ihn besuche, durch meinen Vater [Franz Liszt] eingeführt (ungefähr Kaiser von Brasilien), und wie Richard ihm die Hand küssen will, küßt sie ihm Seine Heiligkeit und nimmt darauf eine Flasche Cognac mit."

### Anton Bruckner zum Nachhören

## Achte Sinfonie in c-Moll, 4. Satz:
## „Finale. Feierlich, nicht schnell", WAB 108, 1–2

Bruckners Erleichterung über das Queren der Ziellinie findet im Vermerk am Ende seiner Partiturskizze der *Achten Sinfonie* ihren berühmt gewordenen Ausdruck: „Steyr, Stadtpfarrhof 16. August 1885. Bruckner mp. Halleluja!" Zu diesem Zeitpunkt arbeitet er bereits seit einem Jahr in der für ihn charakteristischen Intensität an der *Achten*. Wie er Franz Schalk am siebzehnten August brühwarm schreibt, ist das Finale „der bedeutendste Satz meines Lebens".

*Achte Sinfonie in c-Moll, 4. Satz:*
*„Finale. Feierlich, nicht schnell",*
WAB 108, 1–2
Wiener Philharmoniker, Pierre Boulez

4451 & 4452 & 4453 & 4594
# Ternberg
Deanbeag
47° 57′ N, 14° 21′ O

## Mahlzeit!

Die Stadtluft von Steyr atmet Bruckner immer schon gerne, was ihn nicht daran hindert, während seiner Aufenthalte in der pittoresken Industriestadt mit Freunden die eine und andere Landpartie zu unternehmen. Zum Beispiel flussaufwärts Richtung Ternberg, wohin es der im Sommer grün leuchtenden Enns entlang vierzehn Kilometer sind. Eine Strecke von drei Stunden, die Bruckner Seite an Seite mit seinem guten und treuen Freund Franz Xaver Bayer zurücklegt.

Mit dem Chorleiter der beiden Steyrer Stadtpfarrkirchen sowie des Männergesangvereins „Kränzchen", der außerdem die künstlerische Verantwortung in der örtlichen Gesellschaft der Musikfreunde trägt, verbinden Bruckner über die gemeinsame Liebe zur Chormusik zumindest zwei weitere biografische und berufliche Parallelen: beide sind Sängerknaben gewesen, beide haben die Lehrerausbildung durchlaufen. Offensichtlich ist auch Bayer gerne per pedes unterwegs. Ob er der Kulinarik ebenso zugetan ist wie sein zeitweiliger Lehrer und Musikfreund Bruckner? Wir wissen es nicht.

Ebenso wenig wissen wir, welchen Weg die beiden Herren nach Ternberg gewählt haben: Jenen am linken oder am rechten Ufer oder gar eine kühne Variante über den Höhenrücken zwischen dem Enns- und dem Steyrtal?

Falls die beiden, was so unwahrscheinlich nicht ist, den Markt Garsten mit seinen damals bereits viereinhalbtausend Bewohnern durchschritten haben, muss das ehemalige Chorherren- und nachmalige Benediktinerstift des Ortes unweigerlich ihre Blicke auf sich gezogen haben. So lange der prächtige Bau ein geistlicher Ort gewesen ist, so kurz erst fungiert er nun seit 1851 als k. u. k. Provinzialstrafhaus. Bemerkenswerterweise obliegt die Gefängnisleitung in den Jahren von 1856 bis 1866 dem geistlichen Orden der Barmherzigen Schwestern, die Carl Santner als Direktor einsetzen.

Als Justizvollzugsbeamter und Komponist in Personalunion ist Direktor Santner so etwas wie die inkarnierte Erfüllung Bruckners sehnlicher Berufswünsche. Tatsächlich macht Santner die Anstalt ganz im Sinne der *Jailhouse Rock*-Urheber Jerry Leiber und Mike Stoller zu einem weiteren Ort der regen Musikpflege im Großraum Steyr. Maßgeblichen Anteil daran hat mit dem böhmischen Kirchenmusiker und Komponisten Robert Johann Nepomuk Führer ein auf die sogenannte schiefe Bahn geratener Kollege Bruckners, der in Garsten eine Haftstrafe verbüßt.

Kulturhistorisch fallen seine in Verbindung mit einer Alkoholkrankheit verübten Betrugs- und Wechselfälschungsdelikte nicht ins Gewicht. Anders aber verhält es sich mit Führers Niederlagen in Orgelduellen mit Bruckner und vor allem seinem tolldreisten und rasch gescheiterten Versuch, anno 1846 Franz Schuberts *Messe Nr. 2 in G-Dur* unter seinem Namen zu publizieren.

Ob Bruckner und Bayer von den musikalischen Umtrieben im Garstener Gefängnis und dem einigermaßen prominenten Insassen Führer Kenntnis haben, ist ebenso ungewiss wie ihre Wanderroute, an deren Ziel die beiden im Gasthaus Derfler einkehren.

Noch heute gibt es den 1477 erstmals erwähnten Vierkanter in der Hauptstraße Nummer fünfzehn, der zum Kreis der Ternberger Gaststätten rund um die Kirche gehört – zusammen mit dem „No Limit", der Pizzeria und dem Kirchenwirt.

Personalmangel ist in Bruckners neunzehntem Jahrhundert noch eine Art Fremdwort, und eine Zukunft, in der Traditionsgasthäuser wie der Marktwirt Derfler nur mehr drei Tage die Woche offenhalten können, unvorstellbar. Beim Kirchenwirt sind die Pforten hingegen nur an zwei Ruhetagen die Woche geschlossen, und auf eine gewisse Weise wirken Bruckner und seine Zeit noch so nahe, als könnte man einen Zipfel davon erhaschen: Wie damals vielleicht auch füllt sich der Gastgarten unter Kastanien mit Ausflüglern und Arbeitern, die ihre Mittagspause hier verbringen, während die kleinen Ternberger von der Schule nach Hause streunen. An einem der Tische dreht sich das Gespräch um die Hirschjagd, und auch das Essen hätte so schon vor hundert oder hundertfünfzig Jahren serviert werden können: In verschlagenen Eiern gewendete und in der Pfanne geröstete Knödelscheiben mit Salat, dann eine dicke, großzügig gezuckerte Palatschinke, frisch gebacken, mit heißer Marillenmarmelade gefüllt und altmodisch gerollt statt wie Bruckners Hände zum Tischgebet gefaltet.

Der Betende hätte sich indes mit einer solchen Fastenspeise kaum zufriedengegeben, denn der als Organist körperlich schwer arbeitende

Bruckner ist ein großer Esser vor dem Herrn. Von Bischof Rudigier in Linz hat er sich von den katholischen Fastenregeln entbinden und täglich mehrere Fleischspeisen genehmigen lassen. Bereits in Sankt Florian hat er die Gewohnheit entwickelt, erst am Abend zu essen. Das aber in ungeheuren Mengen: Im Florianer Gasthaus Kaiser Max lässt er sich beispielsweise zwei Doppelportionen Schinkenfleckerl kommen, bevor er zum Abendessen ins Stift geht.

Für seine *Missa Solemnis in b-Moll* belohnt er sich 1854 beim Sperl in Sankt Florian mit fünf Gängen, und auch in Linz und Wien entwickelt er legendären Appetit: drei Portionen Krebssuppe gefolgt von dreimal Lammbeuschl mit Knödeln, Zwetschenknödel mit doppelter Fruchtfülle oder Eierfisch aus acht pochierten Eiern. Sein absolutes Lieblingsessen ist Geselchtes mit Grießknödeln und Sauerkraut. Um auch in Wien nicht darauf verzichten zu müssen, lässt er sich von seinem Bruder Ignaz Bauerngeselchtes aus der Florianer Gegend schicken.

> „Im Frühling
> werde ich hochselben
> das Hoch auf Distanz
> mit dem Maiwein zurufen!"

Aus einem Brief an Theodor Helm

4490
# Sankt Florian II
Floriå
48° 13' N, 14° 23' O

# Der Nachfolger

Klaus Sonnleitner ist Viele: Augustiner Chorherr, Geistlicher Rat, Magister-Magister und PhD, Kaplan in Walding und Herzogsdorf und auch noch in Sankt Gotthard sowie obendrein Gastmeister von Stift Sankt Florian und als dessen Organist ein Nachfolger von Anton Bruckner. Was der vollbärtige Theologe und Vollblutmusiker zur Kenntnis, aber nicht persönlich nimmt – im Gegensatz zu Vorgängern, die sich das Leben im permanenten Selbstvergleich mit Bruckner leidvoll erschwert haben. Sonnleitner hat weder Vorbilder noch Lieblingskomponisten.

Auch sonst identifiziert sich der Mittfünfziger nicht mit seinen Ämtern und Funktionen. Er hat geübt und gelernt, sich kein starres, vorgefertigtes Bild zu machen. Weder von Gott noch von sich selbst. Frei, offen und formlos zu bleiben für Gott und das Leben: Das ist sein Anspruch. Ein anspruchsloser Anspruch, der Sonnleitner in Verbindung mit seiner Lebenserfahrung in einer grundsätzlichen Gelöstheit da sein lässt. Ihr Gegenpol ist die unausweichliche Zeitnot dessen, der so viele Aufgaben parallel zu bewältigen hat. Wie jeder Musiker würde Sonnleitner gerne pflichtschuldig täglich übend an der Orgel oder wenigstens am Klavier sitzen, doch das erlaubt sein Arbeitspensum nicht. Und so bewerkstelligt Sonnleitner das Paradox, auf eine leicht melancholische Art müde zu wirken und dabei doch mit hellwachem Blick durchs Brillenglas präsent zu sein.

Ein wenig Melancholie klingt auch an, wenn das Gespräch auf den Status quo von Sankt Florian kommt. 1970 geboren, ist Sonnleitner schon seit Längerem das jüngste Ordensmitglied in der schrumpfenden Schar der Chorherren, die in dem überlebensgroßen Stiftslabyrinth aus straßenbreiten Gängen, Treppen, Sälen und Räumen von ehrfurchtgebietender Höhe zuhause sind. Seine Mitbrüder sind ähnlich beansprucht und so viel außer Haus wie er selbst. Es sei, wie er sagt, unmöglich, das Leben der Gemeinschaft im Stift zu zentrieren. Nur am Mittwochabend nehme man sich Zeit, um das Zusammensein in Sankt Florian zu kultivieren.

Nach der Ankunft im Stift hat Sonnleitner wie einst auch Anton Bruckner seine Zeit gebraucht, um in diesen lebenden Organismus hineinzuwachsen, der ständiger Hege und Pflege bedarf.

Er selbst stammt aus Bad Ischl und erlernt das Spielen zu einem guten Teil an der stadtpfarrkirchlichen Bruckner-Orgel. An der Seite eines Mentors, der im Gegensatz zu Sonnleitners erstem Musiklehrer großes Verständnis für die schon im Volksschulalter ausgeprägte Neigung des künftigen Stiftsorganisten zur Improvisation hat. Musik studiert er in Salzburg, danach Theologie in Linz. Für das Leben im Stift und damit gegen die Weltpriesterschaft entscheidet er sich, weil er ahnt, die Musik dort besser in sein geistliches Leben integrieren zu können. Seine mehrere hundert Seiten starke Dissertation wird zum Standardwerk über das Schaffen seines Stiftsorganistenamtsvorgängers Augustinus Kropfreiter.

Sonnleitner ist diesem Amt organisatorisch nur mehr gewachsen, weil er einen Stellvertreter hat und im Sommer freigespielt wird: von auswärtigen Organisten, die sich über die Gelegenheit freuen, auf der alle Dimensionen sprengenden Krismann-Orgel in der Stiftsbasilika zu musizieren. Sonnleitner lebt tendenziell in Symbiose mit dem Instrument, das auch viel von seiner Zeit in Anspruch nimmt. Alle paar Wochen muss er mit seinem Kollegen ins Orgelinnere hinein, um die Stimmzungen der bis zu zehn Meter langen Pfeifen im Musikmaschinenraum nachzujustieren. Allein das dauert jedes Mal fünf Stunden.

Für den Wind, der durch die Pfeifen geht, sorgt schon seit vielen Jahren ein Motor der Meidlinger Maschinenfabrik. Er ersetzt das Blasbalgtreterquartett von früher, dem Bruckners ebenfalls leicht schrulliger Bruder Ignaz angehört hat. An den Sonntagen läuft der Motor mindestens zweimal. Einmal bei der Messfeier und einmal beim traditionellen Orgelkonzert. An diesem backrohrheißen Julisonntag hat Klaus Sonnleitner dafür ein dreiteiliges Werk von Bruckners Zeitgenossen Charles-Marie Widor ausgesucht und ist aus den Sandalen in schmal geschnittene Halbschuhe geschlüpft, in denen er die Pedale exakter trifft. In der Basilika verliert sich ein Häufchen Zuhörer. Manchmal kämen auch nur fünf, sagt Sonnleitner gleichmütig, für ihn sei es eine gute Gelegenheit zum Üben. Der volle Klang der Orgel entfaltet sich logischerweise erst weiter hinter dem Orgeltisch, an dem Sonnleitner vom iPad spielt. Die Seiten der Partitur blättert er per Gesichtserkennung um, indem er den Mundwinkel in die eine oder in die andere Richtung verzieht.

Es bedarf keiner Erklärung und keines besonderen Musikverständnisses, um zu begreifen, dass Sonnleitner bei der Aufführung des technisch anspruchsvollen Stückes Großes leistet. Nicht nur geistig, sondern auch körperlich: der Schweiß brennt in den Augen, die Extremitäten sind unaufhörlich in Bewegung. Wann immer es möglich ist, legt sich der Stiftsorganist nach dem Spielen für eine Stunde nieder.

Heute aber bittet er in sein Arbeitszimmer mit der Türnummer acht unweit von Bruckners Florianer Zimmer mit der Nummer vier. Es riecht nach Tabak und Geschichte. Ein Apple-Rechner mit großem Bildschirm, eine Stereoanlage samt CDs und eine Espressomaschine im Kasten, der das Waschbecken verbirgt, repräsentieren die Gegenwart. Doch die Vergangenheit hat hier die Oberhand: An den Wänden hängt Sonnleitners für das Stift zusammengetragene Sammlung von Bruckner-Memorabilien, gleich links der Zimmertür befindet sich Anton Bruckners höchstpersönliches Harmonium. Wie auch der Bösendorfer des Komponisten hat es nach Bruckners Tod den Weg aus Wien ins Stift gefunden. Klaus Sonnleitner zeigt sie beide gerne her. Wenn ihm danach ist, spielt er auch darauf – ganz frei von falschem Respekt.

Anton Bruckner zum Nachhören

## Steiermärker, WAB 122

Der stilisierte Volkstanz, der in die Kategorie von Bruckners Gelegenheitskompositionen fällt, ist das musikalische Zeugnis einer Enttäuschung: Denn die Gelegenheit, die sich Bruckner mit diesem Klavierstück in G-Dur zu verschaffen hofft, ist eine Liaison mit Aloisia Bogner. Die Tochter seines damaligen Vorgesetzten verweigert die Annahme der Widmung jedoch. Was den mit einem Korb versehenen Komponisten zum Streichen besagter Widmung veranlasst – sowie zur Umbenennung in *Steiermärker*.

*Steiermärker*, WAB 122
Wolfgang Brunner

4490
# Tillysburg
Dillisbuag
48° 13' N, 14° 23' O

## Maestro Schulmeister

Es ist das zwar nicht unausweichliche, doch häufige Schicksal der Lehrerkinder, früher oder später ebenfalls im elterlichen Beruf tätig zu werden. Bruckner gehört zu denen, die ihn schon früh ergreifen. Mag er es als Pflichtschullehrer in Windhaag, Kronstorf und Sankt Florian nur auf vergleichsweise wenige Schüler und Dienstjahre bringen, sind seine Hoch- und Privatschülerzahlen beachtlich: Das erste Dutzend privater Klavier- und Musikschüler ist bereits voll, als er 1855 nach Linz geht, wo er nebenher weitere fünfzehn Klavier- und Orgeleleven unterrichtet, darunter das depressive Physikgenie Ludwig Boltzmann (den Bruckner nicht mehr aufsucht, nachdem ihn Mutter Boltzmann für das achtlose Ablegen eines triefnassen Regenmantels am Bett gerügt hat).

Am Konservatorium der Gesellschaft der Musikfreunde in Wien gehen laut Prüfungslisten mehr als zweihundertzwanzig Studierende durch seine Schulungen in Harmonielehre, Kontrapunkt und Orgelspiel; dazu kommt eine Handvoll Klavierschüler an der Lehrerbildungsanstalt Sankt Anna. Als Privatlehrer verlegt er sich in Wien auf Einzelunterricht in Komposition und instruiert im Lauf der Jahre knapp vierzig angehende Tonsetzer.

Einigen von ihnen wird der künstlerische Erfolg zuteil, der ausgerechnet Bruckners psychisch hochlabilem Lieblingsschüler Hans Rott verwehrt bleibt – und das auch noch infolge einer Intervention von Bruckners Antipoden Johannes Brahms. Als Mitglied der Staatsstipendienvergabekommission kritisiert Brahms die vom aus finanziell bescheidenen Verhältnissen stammenden Rott vorgelegte *Erste Sinfonie* so in Grund und Boden, dass dem Vernichteten die Sicherungen durchbrennen: „Wenig später versucht er auf einer Bahnfahrt mit Waffengewalt einen Mitreisenden davon abzuhalten, sich eine Zigarre anzuzünden, da er überzeugt ist, Brahms habe den Waggon mit Dynamit präpariert. Die Reise endet in der Niederösterreichischen Landes-Irrenanstalt, wo Hans Rott 1884, nach mehreren Selbstmordversuchen im Alter von 25 Jahren an Tuberkulose stirbt" – wofür Bruckner Brahms persönlich mitverantwortlich macht.

Auch mit zwei seiner Privatschüler aus dem Kreis der gräflichen Familie O'Hegerty auf Schloss Tillysburg nahe Sankt Florian wird es kein Ende nach Wunsch nehmen: Aldelm verunfallt 1854 im Alter von fünfzehn Jahren tödlich, Patrick wird sich 1867 mit neunundzwanzig das Leben nehmen. Es sind zwei von mehreren Schicksalsschlägen, die der irisch-französische Schlossherr und Pferdezüchter Charles O'Hegerty – vormaliger Oberstallmeister von Marie-Antoinettes Tochter Duchesse Marie-Thérèse-Charlotte d'Angoulême – verkraften muss: Seine erste Ehefrau stirbt jung, und auch seine zweite – die kunstaffine Comtesse Christine Silva-Tarouca – erreicht kein gesetztes Alter. Sie aber ist es, die den Sankt Florianer Lehrer, Kirchenmusiker, Virtuosen und Tanzgeiger Bruckner nach ihrer Eheschließung 1849 als Lehrer der O'Hegerty'schen Kinderschar engagiert. Zu einem Zeitpunkt, da auf dem Schloss, das Patriarch O'Hegerty 1841 vom Stift Sankt Florian gekauft hat, noch alles in Ordnung ist – auch die vier Ecktürme des prächtigen Anwesens. Erst gegen Ende von Bruckners Lebenszeit werden drei von ihnen gekappt, was Tillysburg das Aussehen und den Spitznamen einer umgekehrten Bettstatt gibt.

An einer so noblen Adresse und eine so blaublütige Klientel wie die O'Hegertys hat Bruckner bis dato noch nicht unterrichtet, doch offensichtlich macht er seine Sache gut. Und sich dabei so beliebt, dass er der Familie Zeit seines Lebens verbunden bleibt. Die jungen Grafen unterrichtet Bruckner in Kooperation mit einem Kollegen des hübschen Namens Trill über Musik hinaus auch in den allgemeinen Schulfächern, bei den jungen Gräfinnen bleibt es bei der Musik.

Nach allem, was man weiß, ist der grundsätzlich halb cholerisch, halb melancholisch gebaute Bruckner als Lehrer gütig, geduldig und didaktisch hervorragend: Noch in Wien erfreuen sich seine Theorievorlesungen großer Popularität, da er die trockene Materie in Geschichten und Bilder übersetzt und mit breiten Eselsbrücken zugänglich macht. Viele Studierende kommen nur, um den unterhaltsamen Vortragenden zu erleben, der den gewohnten hochschuldidaktischen Rahmen unbekümmert sprengt und als Lehrer dennoch höchste Ansprüche an sich selbst stellt.

Bevor Bruckners berufliche Veränderung in Richtung Linz 1855 das Unterrichtsende auf Tillysburg erzwingt, fungiert er dort über seinen pädagogischen Nebenerwerb hinaus bisweilen als Tanzgeiger bei den Abendvergnügungen der halbwüchsigen O'Hegerty-Sprösslinge.

Emma, der Jüngsten, eignet Bruckner eine Sammlung selbstkomponierter *Irischer Lieder* zu.

Wie authentisch sie geklungen haben und wie überzeugend sich Bruckners Fiedel in eine Fiddle verwandeln konnte, bleibt ein Geheimnis: Die Partituren sind verschollen; einem Gerücht nach sollen sie von Emma, die 1929 in Sankt Florian verstirbt, in ihren letzten Jahren selbst vernichtet worden sein – was Bruckner im Jenseits zu einem kräftigen „Póg mo thóin" angestiftet haben mag.

Ähnliches muss sich Bruckner auch bei seinen späteren Tillysburg-Besuchen gedacht haben, bei denen er den alten Grafen fallweise auf die Rebhuhnjagd begleitet. Als dankbares Opfer für die Jäger, die ihm einmal „versehentlich" seinen großen roten Sonnenschirm zerschießen.

**Anton Bruckner zum Nachhören**

## Quadrille, WAB 121

Als versiertem und konditionsstarkem Quadrilletänzer geht Bruckner die Komposition dieser sechsteiligen Quadrille nach französischer Machart vermutlich leicht von der Hand. Auch wenn es sich „nur" um Tanzmusik handelt, entspricht das Stück seinerzeit dem letzten Schrei – das Musikformat hat sich gerade erst etabliert. Bruckner schreibt seine *Quadrille* für Klavier zu vier Händen wohl für seine Klavierschülerin Marie Ruckensteiner. Wem der zweite Part zugedacht ist, bleibt offen: ihrem Vater Stiftsrichter Georg Ruckensteiner als Widmungsträger oder doch Klavierlehrer Bruckner.

*Quadrille*, WAB 121
Ana-Marja Markovina, Rudolf Meister

Tillysburg

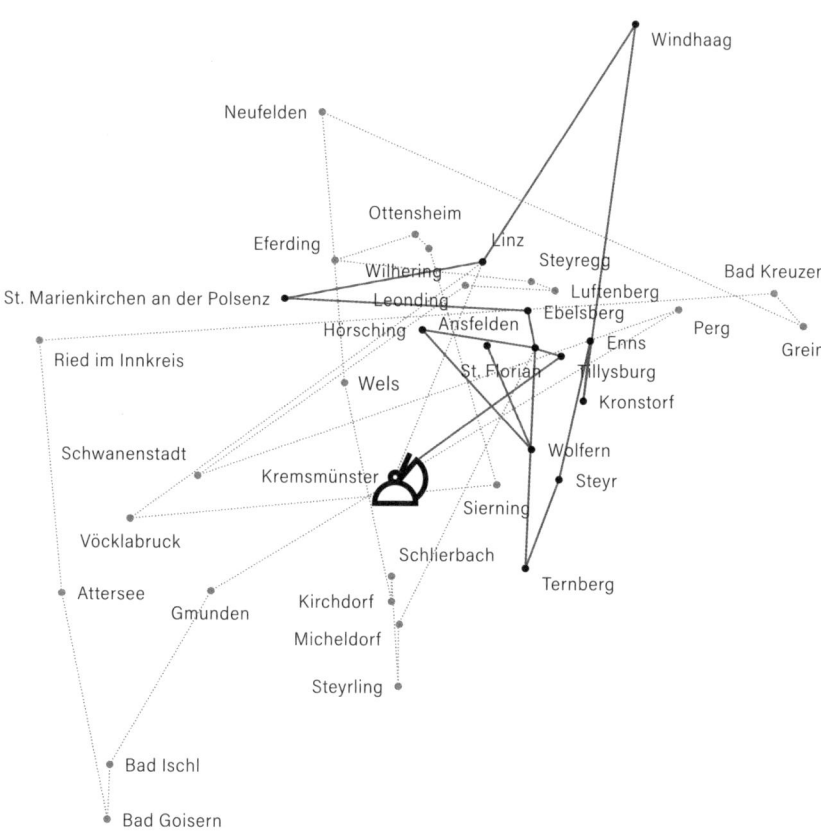

4550
# Kremsmünster
Gremsmünsda
48° 3′ N, 14° 8′ O

## Der Locus

Es ist schon eine Weile her, dass regierungs- und systemkritische Demonstranten versucht haben, das Weiße Haus in Washington samt Präsident Richard Nixon durch kollektive Meditation und Willensbündelung schweben zu lassen. Menschen, die dabei gewesen sind, beschwören bis heute, dass die Levitation für einen Moment gelungen sei und sich das Haus einige Zentimeter über den Boden erhoben habe.

Versuchte man dergleichen mit dem Stift von Kremsmünster: Es wäre eine unvorstellbare Menge an spiritueller Energie vonnöten, um den überwältigend großen Bau mitsamt der Sternwarte ins All aufsteigen zu lassen. Dorthin, wo es kraft seiner Größe mit dem auf tausendzweihundert Passagiere ausgelegten Flaggschiff „Heimat eins" der Rebellenallianzflotte aus George Lucas' *Star Wars*-Kino-Saga mithalten könnte.

Bis es aber soweit ist, wird das Stift weiter majestätisch und gravitätisch alles beherrschend über dem Markt thronen; theologisch, architektonisch, kommunal wie historisch und kunsthistorisch immer noch eine Macht. Und als solche so stark, dass es zur Frage, ob der Markt zum Stift gehöre oder das Stift zum Ort grundverschiedene Ansichten gibt. Eher keine zwei Meinungen gibt es zum Zusammengehören von Stift und Bruckner, dessen Beziehung zum Klosterimperium fest in die Haus-, Musik- und Ortsgeschichte einzementiert ist: alles bekannt, alles erforscht, alles tausendmal erzählt.

Kremsmünster und Bruckner sind durch verschiedene Fäden verwoben. Interessanterweise scheitert die Beziehungsanbahnung zunächst, denn Bruckner lehnt die vom Stift 1848 angebotene Klavierlehrerstelle an der Musikschule des Konvikts ab, nachdem er sie möglicherweise im Poker um die Stiftsorganistenstelle in Sankt Florian als Joker benutzt hat.

Doch diesbezüglich sind der Abt und die Patres nicht nachtragend: Schon im Jahr darauf ist Bruckner am Todestag von Stiftsgründer Tassilo – dem sogenannten Stiftertag – eingeladen, sein erst kurz zuvor in Florian uraufgeführtes *Requiem in d-Moll* in Kremsmünster erklingen zu lassen. „Es wurde ein Requiem von einem Schulgehilfen zu St. Florian, Bruckner, aufgeführt", vermerkt Stiftschronist Pater Theoderich zum elften Dezember 1849. „Es fiel sehr gut aus. Der 25jährige junge Mann ist Virtuos auf der Orgel. Nach der Vesper produzierte er sich."

Ein weiteres Jahr später beginnen die Kremsmünsterer Kleriker, ihre theologischen Studien an der Hauslehranstalt von Stift Sankt Florian zu absolvieren, was sie mehr oder zwangsläufig in zumindest akustische Berührung mit dem dortigen Organisten Bruckner bringt.

Ihn, der zu diesem Zeitpunkt schon hauptwohnsitzmäßig in Wien lebt, lädt man 1877 auch zum Orgelspiel bei der Pontifikalmesse zur Kremsmünsterer Elfhundertjahrfeier ein. Einer von vielen verführerisch attraktiven Bruckner-Anekdoten zufolge lässt sich Bruckner am Vorabend in „feuchtfröhlicher Runde" überreden, anderntags die Melodie des sexuell hochgradig anzüglichen deutschen Volksliedes *Ein Jäger aus Kurpfalz* in seine Improvisation einzuflechten. Was der vom Gewissen fest gebissene Bruckner angeblich so elegant vollbringt, dass es nur die Eingeweihten heraushören können.

Richtig ernst zwischen Bruckner und Kremsmünster wird es aber erst 1880, als Bruckners Universitätsschüler Rafael Loidol als Pater Oddo ins Stift eintritt und dem von ihm bewunderten Bruckner zu regelmäßigen Aufenthalten im Stift verhilft. Bruckner wird mit der Abtskutsche von der Bahnstation abgeholt, genießt freie Kost und Logis im Gästezimmer Nummer zwei und das Spielen auf der brandneuen Mauracher-Orgel in der Stiftskirche. Im Sommer unternimmt er mit Loidol und anderen befreundeten Patres Ausflüge ins Umland, in kalten Wintern vergnügt man sich beim Eisstockschießen auf dem zugefrorenen Wassergraben. Das Stift kommt seinerseits zu erstklassiger Gottesdienstmusik und einer Bruckner-Uraufführung (des *Perger Präludiums*).

Seinem Gastgeber Pater Oddo widmet Bruckner nachträglich die prominente Motette *Locus iste*, deren lateinischer Text – als Inschrift auch im Stift zu finden – da lautet: „Locus iste a Deo factus est, inaestimabile sacramentum, irreprehensibilis est." Zu Deutsch: „Dieser Ort ist von Gott geschaffen, ein unschätzbares Geheimnis, kein Fehl ist an ihm."

Gerade die dritte und letzte Zeile macht es beinahe unmöglich, nicht an die körperliche Gewalt und den sexuellen Missbrauch im

Internat des Stiftgymnasiums zu denken, der Kremsmünster für die vielfach fürs Leben gebrochenen Opfer zu einem Todesstern gemacht hat. Im Stift und im Ort hat man sich mit der unliebsamen Vergangenheit arrangiert; nur der hünenhafte Pater Franz – als *Star Wars*-Protagonist unfehlbar in den Reihen der Rebellenallianz zu finden – öffnet die Wunde in Diskussionen und Gesprächen immer wieder.

Einen ganz speziellen Umgang mit dem „Ort" und seiner Geschichte haben die freien Musikanten der Kremsmünsterer Szene im weitesten Sinne gefunden: Ähnlich raffiniert wie Bruckner beim *Jäger aus Kurpfalz* vorgehend, hat sich der Geiger und Landlerforscher Volker Derschmidt des *Locus iste* angenommen. Und Teile daraus neu zu einem zünftigen Stück Volksmusik zusammengesetzt, das in Anspielung auf den Originaltitel ergreifend und schlicht *Häuslpolka* heißt.

Anton Bruckner zum Nachhören

## Christus factus est, WAB 11

Freigiebig (und mitunter berechnend) wie Bruckner ist, gibt es auch zu dieser Vertonung eines Teiles der Gründonnerstagsliturgie einen Widmungsträger: den jungen Pater Oddo Loidol, der bei Bruckner studiert und Wien 1880 verlässt, um als Novize ins Stift Kremsmünster einzutreten. Den Anlass für Bruckners freundschaftliche Geste ist Loidols Primizfeier, bei der Bruckner höchstpersönlich an der Orgel sitzt. Die Loidol gewidmete Fassung von *Christus factus est* ist die letzte der insgesamt drei Versionen.

*Christus factus est*, WAB 11
Collegium Vocale Gent,
Philippe Herreweghe

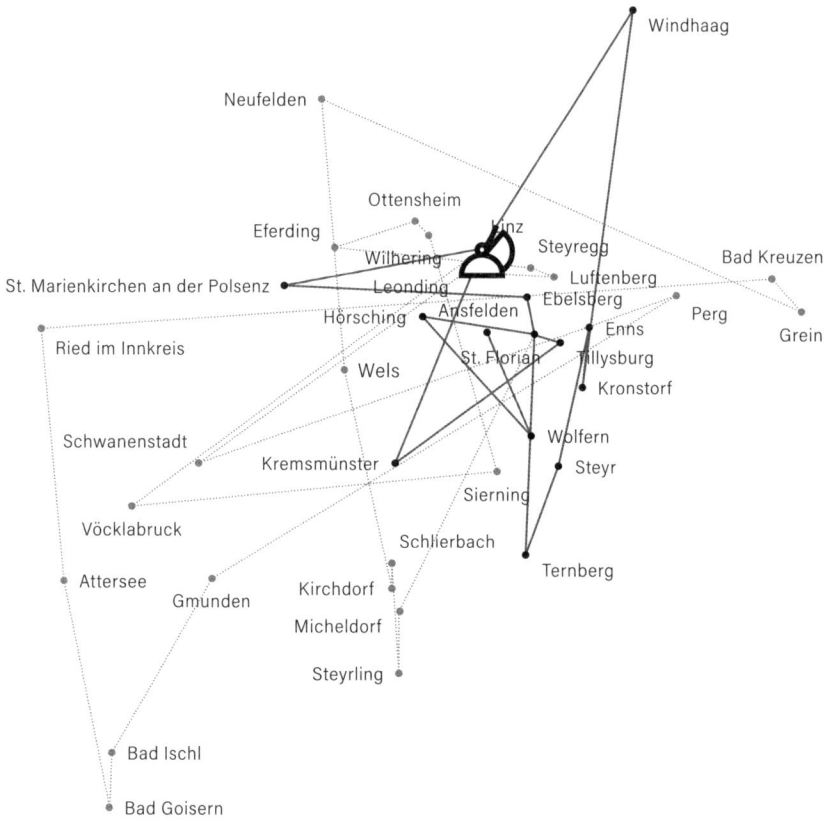

4020
# Linz II
**Linds**
48° 18' N, 14° 17' O

# Akte X

Wissenschaftlich gesehen ist Bruckner das, was Polizeisprecher nach erfolgreicher Tätersuche gerne öffentlichkeitswirksam vermelden: ausgeforscht. Nachdem mehrere Generationen von Biografen sowie Musikwissenschaftern und -historikern alle nur erdenklichen Archive, Verzeichnisse, Nachlässe und dergleichen mehr durch- und aufgearbeitet haben, sind keine großen Erkenntnisgewinn stiftenden Funde mehr zu erwarten. Auch nicht zu seinen Jahren in Linz als Domorganist, Chormeister, Komponist und unentwegt Weiterstudierender.

So gut Bruckner aber beforscht ist, so rätselhaft sind und bleiben manche Begebenheiten am sprichwörtlichen Rande. Eine solche trägt sich 1863 zu, als die Gesangsschule des Linzer Musikvereins im vierzigsten Jahr ihres Bestehens Anton Bruckner gerne zu ihrem neuen Schulleiter gemacht hätte. Doch die Verhandlungen verlaufen im Sand. Was umso verwunderlicher ist, als der sonst so auf Ämter und Würden versessene Bruckner zur Karriereplanung eine offensive Bewerbungsstrategie verfolgt und sich etwa zwei Jahre vor dem Korb für die Gesangsschule um die Direktorenstelle des Salzburger Dom-Musik-Vereins beworben hat – wie so oft in seinem Leben ohne Erfolg.

Sein Verzicht auf das angebotene Amt bringt ihn jedenfalls um die Option, rückwirkend auf der Liste mit den Rektoren der Anton Bruckner Privatuniversität Linz zu landen – denn zu genau zu dieser entwickelt sich die Institution im Lauf der Zeit. Dass zwischen dem Namensgeber und der Namensträgerin offenbar eine gewisse Differenz bestanden hat, ist nicht frei von einer feinen Ironie. Einer Ironie, der sich die Hochschule, die kommunikativ einen offenen Umgang mit dem nicht ganz rühmlichen Ereignis pflegt, durchaus bewusst ist.

In Linz beginnt sich überdies ein mysteriöser und eher schwarzer als roter Faden durch Bruckners Leben zu ziehen: eine mehrfach wiederkehrende räumliche Nähe zu Aufsehen erregenden Unglücksfällen, denen Bruckner auf geradezu schicksalhafte Art entkommt.

Am fünften Mai 1868, fast genau ein Jahr nach seiner Einweisung nach Bad Kreuzen und vier Tage vor der Uraufführung seiner *Ersten Sinfonie*, wird Bruckner nach einer Pöstlingberg-Wallfahrt unter anderem mit seinem Sangesbruder Ferdinand Krackowizer und dessen junger Cousine Johanna Pichler auf der Terrasse des Roten Krebsen – eine seiner Linzer Lieblingsgaststätten – Augenzeuge eines Schiffsunglücks auf der Hochwasser führenden Donau: Infolge der Kollision eines Frachtschiffs mit den Mittelpfeilern der hölzernen Brücke stürzt das Bindeglied zwischen Linz und Urfahr ein. Mehrere Passanten werden mit in die Tiefe gerissen und schreien im Wasser um ihr Leben. Das ist zu viel für die junge Frau Pichler, die einer Ohnmacht anheim- und im Niedersinken in Bruckners Arme fällt. Was, wie Friedrich Buchmayr darüber in seinem Bruckner-und-die-Frauen-Buch *Mensch*

*Bruckner!* berichtet, die vielleicht erste und letzte Bruckner'sche Umarmung einer Frau gewesen sein könnte.

Die nächste mysteriöse Episode trägt sich drei Jahre später in London zu, wo Starorganist Bruckner am neunundzwanzigsten Juli 1871 zur Einweihung der Riesenorgel in die neu erbaute Royal Albert Hall eingeladen ist. Der Gast aus Österreich steigt in Seyds Deutschem Gasthof am Finsbury Square ab, in den er eines Abends verspätet vom Üben zurückkehrt, da der Dampf – mit dem die Orgel betrieben wird – eine halbe Stunde länger als erwartet gereicht hat. Als Bruckner vom Konzertsaal zur U-Bahnstation geht, werden dort gerade Tote und Verletzte hinaufgetragen: Die Garnitur, mit der Bruckner eigentlich gefahren wäre, ist ungebremst mit einem Gegenzug zusammengestoßen.

Nur wenige Tage später hat Bruckner erneut sagenhaftes Glück: Trotzdem ihm nach seinem Triumph in der königlichen Halle vor siebzigtausend Begeisterten ganz England offen stünde, hält er an der Rückkehr nach Österreich fest. Wieder rettet ihn eine Verspätung, infolge derer er das eigentlich gebuchte Dampfschiff verpasst. Es geht unter, ein Teil der Passagiere kommt dabei ums Leben.

Zehn Jahre später hat Bruckner sein Weiterleben einer spontanen Programmänderung am Wiener Ringtheater zu verdanken: Für den achten Dezember 1881 hat sich Bruckner, der in der Heßgasse in direkter Nachbarschaft lebt, dort einen Theaterbesuch vorgenommen. Von dem er Abstand nimmt, als kurzfristig *Hoffmanns Erzählungen* von Jacques Offenbach angesetzt werden, den Bruckner wegen seiner Schlüpfrigkeit nicht gutheißen kann.

Statt ins Theater geht er in die Schottenkirche zur Abendmesse, während im Ringtheater am Schottenring alles in Flammen aufgeht. Als Bruckner heimkehrt, ist die Heßgasse bereits gesperrt und das Holz der Fensterrahmen seiner Wohnung angekokelt. Panisch um seine Partituren besorgt, durchbricht Bruckner die Polizeiabsperrung – unter Schreien, er müsse zu seinen Kindern. Es gelingt ihm, die wichtigsten Blätter in Sicherheit zu bringen. Als alles vorbei ist, erliegt Bruckner einmal mehr seiner Todesbesessenheit und spaziert zwischen den Leichen der Verbrannten durch die Bühnenhausruine.

Brieflich berichtet er seinem Schwager Hueber – und vermutlich auch seiner Schwester Salie – in Vöcklabruck: „Ich wohne ganz am Ringtheater nur durch eine Straße getrennt. Gott sei Dank! Unser Haus, wie alle übrigen, sind verschont geblieben. Aber der namenlose Schrecken! Und das unaussprechliche Elend so vieler geht bis ins innerste Mark!"

Die Katastrophe nebenan bleibt für den übervorsichtigen Bruckner nicht folgenlos, da sie seine notorische Angst vor dem Feuer anheizt. Von nun an löscht er die Kerzen in seiner Wohnung vor einem Ausgang immer mit nassen Fingern, versichert sich mehrfach, dass ein Wiederaufflackern ausgeschlossen ist und dreht oft auf der Stiege nochmals zu einer weiteren Nachschau um. Sicherheitshalber.

# Anton Bruckner zum Nachhören

## Messe in e-Moll, WAB 27, 1–2

Der Anton-Bruckner-Werkverzeichnisposten siebenundzwanzig beweist, dass eine Messe bei entsprechendem Können um einiges schneller komponiert als eine Votivkapelle gebaut werden kann: Im Auftrag von Bischof Rudigier schreibt Bruckner die Messe für achtstimmigen gemischten Chor und Bläser von August bis November 1866 – und hat danach noch drei Jahre Zeit, die Uraufführung zur anlassgebenden Fertigstellung der Votivkapelle des gerade entstehenden Mariendoms abzuwarten. Erstaunlicherweise nimmt Bruckner währenddessen keine Überarbeitungen der *Messe in e-Moll* vor, sondern lässt sich damit bis 1876, 1882 und 1885 Zeit.

*Messe in e-Moll*, WAB 27, 1–2
Chor und Symphonieorchester des
Bayerischen Rundfunks, Eugen Jochum

4840
## Vöcklabruck
Föklabrugg
48° 1′ N, 13° 39′ O

# Untertauchen

Die Eintrittsgebühr entrichtet man am Empfang mit Kassa in dem kastenartigen Bau mit Hallenbad und Wohlbekommswelt; von dort geht es mit dem Ticket in der Hand wieder hinaus, nach rechts und vorbei am überdachten Gastgarten des Restaurants sowie dem Frischluftrauchersalon der Küchen- und Servicebrigade ums Eck zu den Drehkreuzen am Eingang des Parkbadparks. Saisonkarteninhaber nehmen die schnelle Spur, wie es sie auch an jeder Autobahnmautstation gibt.

Im Inneren der Umzäunung führt der Weg noch kurz geradeaus in Richtung Spielplatz und Strandvolleyballkäfig, um dann nach links auf den Steg über die grün gesäumte Vöckla zu führen. Am anderen Ufer liegen das Buffet, das l-förmige und zweigeschoßige Gebäude mit den Diensträumen des Bademeisters, Umkleidekabinen plus Sonnenterrasse sowie die niroverkleideten Schwimmbecken.

Die gegen Ende der Badeperiode von der Sonne regelrecht bronzierten Stammgäste sind die Letzten, die das Bad am Abend verlassen. Und die Ersten, die morgens kommen, wenn die sorgfältig gepflegte Kommunaleinrichtung noch ruhig daliegt und höchstens der Wind das glitzernde Wasser bewegt.

Gedenkt der Bademeister spät im August oder früh im September in Anbetracht des bereits langsam versiegenden Besucherstroms etwas später zu öffnen oder früher zu schließen, bespricht er das zeitgerecht mit der Schar der alten Gäste, denen das Bad an der Vöckla ihr zweites Wohnzimmer ist.

Manche von ihnen verleben ihre freie Sommerzeit hier seit sechzig Jahren, in denen sie alle Veränderungen mitvollzogen haben: Den Abbau der hölzernen Liegepritschen. Den Neubau und die damit einhergehende Verkleinerung des vormals noch ein Stockwerk höheren Parkbadgebäudes. Diverse Modernisierungen. Und das Vorüberziehen der Tage, an denen rund fünfzehnhundert Sonne und Abkühlung zugleich Suchende jeden Quadratdezimeter der Liegewiesen belegt haben. Denn seit so viele einen Pool zur Hausausstattung zählen, ist es im Bad deutlich luftiger geworden.

Einige der Badezeitzeugen aus sogenannten einfachen Familien blicken auf eine Kindheit zurück, in der man nur ausnahmsweise mit dem Kleingeld für den Eintritt ausgestattet und stattdessen im Regelfall zum Schwimmen und Planschen in die unentgeltlich zur Verfügung stehende Vöckla geschickt worden ist. Wie das Bad ist auch das Mittelding zwischen Bach und Fluss, das sich die Bezeichnung „Flüsschen" dennoch nicht verdient hat, Gegenstand von Veränderungen geworden: Regulierungen und Verbreiterungen haben die Vöckla, so sagen es die alten Schwimmer, seichter gemacht.

Aus den Tagen, in denen das Gewässer noch ohne Weiteres beschwommen werden konnte, sind Bilder von der alten Badeanstalt erhalten, die dazumal in erster Linie als Schwimmschule diente. Manche Aufnahmen zeigen den Schwimmmeister, wie er angehende Schwimmer an einer Stange mit Leine am Bauchgurt über Wasser hält.

Einer seiner Amtsvorgänger bekommt es eines schönen Tages mit einem etwas sonderbaren und recht korpulenten Badegast zu tun, der kühn vom Brett ins Wasser springt und die Kinderschar auf der Stiege zum lauten Mitzählen seiner Tauchzeit auffordert. Als fünfzig Sekunden vergangen sind, fehlt vom Untergetauchten immer noch jede Spur, die jener verwischt, indem er im trüben Wasser unter den Sitzplatz der Kinder schwimmt. Erst bei sechzig taucht er auf und weidet sich an der allgemeinen Überraschung, die er angeblich noch steigert, indem er dem verblüfften Schwimmmeister mit stolzgeschwellter Brust zuruft: „Wissen S', wer i' bi? An Kaiser sei' Organist!"

Das Schwimmen hat des Kaisers Organist für seinen Teil in der Schwimmschule von Sankt Florian erlernt. Möglicherweise hat dort auch jener Johann Nepomuk Hueber seine ersten Tempi gemacht, der später Gärtner im Stift wird, Bruckners Schwester Rosalie vulgo Salie heiratet und mit ihr nach Vöcklabruck zieht. Dort übernimmt das Paar eine Gärtnerei, die bis ins einundzwanzigste Jahrhundert besteht, und beherbergt des Öfteren den prominenten Bruder respektive Schwager.

1886 bleibt der nach Wien ausgewanderte Verwandte sogar lange genug, um sich zum Zweck ungestörten Komponierens ein Zimmer mit Klavier bei Eisenhändler Hartmann zu mieten. Der von Bruckner geschätzte Ohrensessel seiner Vöcklabrucker Gastgeber steht heute im örtlichen Heimathaus. An ihrem Platz geblieben ist hingegen die

Orgelbank der Stadtpfarrkirche, auf der bis in die 2000er-Jahre hinein Bruckners Großneffe Rudolf Hueber Pedale, Tasten und Register getreten, gedrückt und gezogen hat.

Anton Bruckner zum Nachhören

## Achte Sinfonie in c-Moll, 1. Satz:
## „Allegro moderato", WAB 108, 1–2

Der Lebensort seiner Schwester und seines Schwagers ist Schauplatz der ersten Arbeiten an der *Achten Sinfonie*, bei der Bruckner dramaturgisch korrekt mit dem ersten Satz beginnt. An diesem arbeitet er 1884 in seinem Sommerurlaubsarbeitszimmer bei Eisenhändler Hartmann. In jener Saison, als ihn die Liedertafel und die Bürgerkorpskapelle am dritten September, am Vorabend seines Geburtstags, mit einem Ständchen und Fackelzug zu seinem Sechziger ehren. Möglicherweise hat Bruckner da die zwischendurch zugunsten anderer Sinfoniepassagen zurückgelegte Arbeit am Eröffnungssatz schon wieder aufgenommen.

*Achte Sinfonie in c-Moll, 1. Satz:*
*„Allegro moderato",* WAB 108, 1–2
Bruckner Orchester Linz, Markus Poschner

4522 & 4523
# Sierning
Sianing
48° 3′ N, 14° 19′ O

# Landler und ihre Tanz

Ein Landler ist je nach Perspektive mehrerlei: Als Tanz- und Volksmusikdisziplin ist er eine originär oberösterreichische Schöpfung, die mehrere hundert Jahre auf dem Buckel hat. In einem anderen Zusammenhang bezeichnet der Begriff die über achthundert österreichischen Protestanten, die unter Karl IV. und Maria Theresia nach Siebenbürgen deportiert werden, und ihre heute noch dort lebenden Nachfahren. Und im Inneren Salzkammergut, woher ein Großteil der Zwangsausgesiedelten stammt, meint „Landler" mit dem Unterton leiser Verachtung bis heute in Bausch und Bogen alle im Alpenvorland lebenden Oberösterreicher.

Was nichts weniger bedeutet, als dass es sich bei Anton Bruckner als gebürtigem Ansfeldner wie auch bei seiner Mutter Theresia als gebürtiger Sierningerin von Bruckers Sommerfrischeorten Bad Ischl und Bad Goisern aus gesehen um klassische Landler handelt.

Mit dem Landler als Geigenmusik kommt der Landler Bruckner schon während seiner voralpenländlichen Kindheit in Berührung, in der ihn der väterliche Musikunterricht nicht nur zum Kirchenmusiker heranbildet. Sondern auch zum Landlergeiger, der mit einem zweiten Geiger und idealerweise einem Kontrabassisten zum Tanz und zum Gstanzlsingen aufspielt. Als Kind in und um Ansfelden, als Sängerknabe in Sankt Florian und als Schulgehilfe in Windhaag, wenn sich die Mädchen auf einem bestimmten Bauernhof zum Flachsspinnen treffen, am Abend die jungen Männer nachkommen und sich mit Mostbefeuerung und Krapfen als Energiespendern die Schuhe zertanzen.

Mag der Landler auch in ganz Oberösterreich verbreitet und zwischen den fünf Vierteln des Landes noch heute Gegenstand veritabler Glaubensfehden um die reine und wahre Spielart sein, liegt eine der landlerkulturellen Hochburgen unstrittig in Sierning. Hier findet der Überlieferung nach schon 1758 der erste Landlertanz statt; acht Jahre bevor 1764 – in Viechtwang – erstmals Landlermelodien zu Notenpapier gebracht werden.

Hier im Wirtshaus Zum Krößwang in Neuzeug eins, kommt am sechsten April 1801 Bruckners Mutter Theresia Helm zur Welt. Hier ist Bruckner von Steyr aus gerne mit seinem Mäzen Carl Almeroth und seinem Steyrer Verbündeten Kirchenchorleiter Franz Xaver Bayer im Forsthof zu Gast. Wie in Windhaag, wo er eine der Töchter von Familie Jobst verehrt, findet er in der Tochter der Wirtsleute Wimmer auch hier eine Maria zum Anschmachten. Ihr spielt er auf der örtlichen Orgel vor, ihr widmet er seine verschollene Komposition *Die Rose*.

Und ist der Forsthof damals Siernings erste Adresse für ausflügelnde Bürger aus Steyr und Kurgäste aus Bad Hall, so ist er es seit geraumer Zeit als Hauptschauplatz für die Institution des faschingsdienstäglichen Rudenkirtags, der in Sierning fix zu den hohen Fest- und Feiertagen und seit 2013 zum immateriellen Weltkulturerbe gehört: Landlerweisen in Verbindung mit Landlertänzen und achtzeiligen Gstanzln, die oft voll beißend scharfem Spott wie eine gesungene Faschingszeitung fungieren.

Der Kirtag ist die Domäne der Ruden, die andernorts auch Zechen und im Salzkammergut Passen heißen und historisch aus genossenschaftsartigen Bauernvereinigungen hervorgegangen sind. Ihre Rivalitäten machen den Landler lange zum Soundtrack rüder Gewalt. Denn lange vergeht kaum ein Tanzvergnügen, bei dem nicht eine rauflustige Rud die andere mit Gstanzln provozieren oder ihr dreintanzen würde, wodurch eine Saalschlacht garantiert ist.

Inzwischen geht es am Rudenkirtag und beim Landlertanzen generell gesitteter zu, weshalb der Forsthof am Faschingsdienstag weder um sein Mobiliar noch um seinen untadeligen Ruf fürchten muss.

Sich eine Massenschlägerei zu Landlerweisen vorzustellen, wenngleich die Spielleute bei der ersten Eruption von Gewalt das Spielen eingestellt und sich mit ihren kostbaren Instrumenten in Sicherheit gebracht haben müssen, erzeugt eine gewisse Asynchronizität von Bild und Ton.

Denn mag der Landler auch, wie es in der Literatur dazu heißt, „übermütig, schneidig und frech" gegeigt werden, so verlangt das Landlerspiel zugleich nach größtmöglicher Elastizität und Gemütlichkeit. Darüber hinaus setzt der Landler, wie die moderne Landlergeigerin, Musikerin, Festivalintendantin und Geschichtenerzählerin

Julia Lacherstorfer beschwört, noch andere essenzielle Qualitäten voraus: ein weites Gefühlsspektrum zu empfinden und sich einlassen zu können.

Im Geigenduo „mit großen Ohren und einem großen Herzen" aufzuspielen und den Beat bei fehlendem Kontrabass notfalls mit einem stampfenden Holzschuh zu machen, sei etwas sehr Inniges, ja fast Intimes, bei dem man sich sehr nahekommen und in einen seligen Schwebezustand geraten könne. Dann wisse man wie von selbst, wann es Zeit zum sogenannten Umigeigen in eine höhere Tonlage oder zum Spiel „von der halben Mitte" weg sei.

Wie Bruckner ist Lacherstorfer, aus dem Sierning so nahen Bad Hall stammend, mit dem Landler aufgewachsen. Und so wie Bruckner ist auch sie schon mehrfach im Forsthof gewesen, wo sie im Gegensatz zu ihm aber musiziert hat: als sehr junge und einzige Frau unter Musikermännern mit der Mostviertler Rud im übervollen Festsaal beim Rudenkirtag.

Keine Spur von Publikumsandrang gibt es bei Bruckners letzten Darbietungen als Landlergeiger: Wenige Wochen vor seinem Tod ist er zumeist wirr und kindlich, doch musikalisch und motorisch noch fähig, seinen Arzt Richard Heller hin und wieder mit einem Landler zu unterhalten. Womit er, wie man sagen könnte, gleichsam zum Totentanz aufspielt.

Anton Bruckner zum Nachhören

## Aequale, WAB 114 & 149

Längst gewohnt sich musikalisch in anspruchsvollen Formen auszudrücken, stellen Begräbnisstücke für Bläser – um welche es sich bei einem *Aequale* traditionell handelt – für Bruckner 1847 keine große Herausforderung mehr dar. Anders als bei den *Totenliedern* für Sankt Marienkirchen an der Polsenz kennt der Komponist im Sierninger Fall aber den verstorbenen Menschen, der zu Bruckner-Klängen aus der Welt getragen wird: seine Taufpatin Rosalia Mayrhofer, bei der er im Pfarrhof von Wolfern so schöne Kindheitserinnerungen erwirtschaften hat können. Und so schwingen in den beiden kleinen Stücken wohl auch sehr persönliche Emotionen mit.

*Aequale*, WAB 114
Tenebrae, Nigel Short, Mark Templeton,
Helen Vollam, Patrick Jackman

*Aequale*, WAB 149
La Chapelle Royale, Ensemble Musique
Oblique, Philippe Herreweghe

4073
# Wilhering
Willaring
48° 19′ N, 14° 11′ O

# Affenzirkus

Spätestens in der Zeit des Barock verspürt man in Mitteleuropa unbändigen Appetit auf das Exotische. Adelige lassen sich Tiere aus fernen Ländern kommen. Betuchte Haushalte wetteifern darum, wer in der Linzer Torte möglichst viele teure Zutaten wie Zitrusfrüchte verbacken kann. Und so wie heute in Saudi-Arabien, wo man in gekühlten Hallen auf Kunstschnee Ski fährt, schafft man auch in Oberösterreich künstliche Klimazonen.

Schon Mitte des 18. Jahrhunderts verfügt Stift Wilhering über eine Orangerie zum Überwintern südländischer Pflanzen. Der Stiftsgärtner wohnt gleich nebenan im Gärtnerhäuschen, aus dem er nur ein paar Schritte zum Ofen hat, mit dem er die Orangerie im Winter warmzuhalten hat.

Die Orangerie ist nicht das einzige der Wilheringer Glashäuser. Laufend werden neue gebaut und bestehende umgestaltet. Nachdem der Garten nach englischem Vorbild in einen Park verwandelt worden ist, beauftragt das Stift 1846 den Linzer Stararchitekten Johann Metz mit dem Neubau eines Großglashauses. Der Baukünstler hat in Linz unter anderem das Aloisianum und das heutige Stifterhaus geplant. Zunächst als Holz-Glas-Konstruktion ausgeführt, wird der voluminöse Leichtbau fortan als Palmenhaus bezeichnet und 1912 mit eisernen Trägern verstärkt. Damit gibt es für den Gärtner und seine Kinder einen weiteren Pflanzenprachtbau zu belüften und zu beheizen.

Nach seinem Vorgänger Schober ist Abt Alois Dorfer treibende Gestaltungskraft. Vor der Betrauung mit der Führungsaufgabe hat der tier- und naturliebende Dorfer als Gartenmeister fungiert. Sein „Wilheringer Garten Büchel" ist die erste systematische Aufzeichnung aller in der Stiftsgärtnerei notwendigen und üblichen Arbeiten, der getätigten Ein- und Verkäufe sowie der Neuanpflanzungen. Dorfers Leidenschaft gilt nicht nur dem Gartenbau und der Kultivierung damals so exotischer Pflanzen wie einer Agave, deren Blüte halb Linz anlockt, sondern auch den Künsten und der Musik. Dementsprechend stolz ist Dorfer darauf, mit Anton Bruckner einen adäquaten Sommergast zu gewinnen, der im Stift eine eigenes Biedermeierzimmer und einen Wilheringer Sängerknaben als persönlichen Pagen bekommt. Schon vor Bruckners regelmäßigen Donausommerfrischen in den 1880er-Jahren ist er dem Stift verbunden. Quasi als vorweggenommenes Gastgeschenk vertont Bruckner 1868 den *Schutzengelhymnus*, der für die Schutzengelbruderschaft der Wilheringer Patres besonders bedeutsam ist.

Wenn er in Wilhering ist, komponiert Bruckner in seinem Zimmer, ordiniert an den beiden Orgeln des Stifts, ergeht sich im Kürnberger Wald, frönt Speis und Trank im Bierstüberl des Stifts oder im nahen Bräuhaus. Viel Zeit verbringt Bruckner im heute malerisch abgewohnten Palmenhaus, das mit seinem Shabby-Chic-Ambiente auch schon als Hochzeitsfotolocation gedient hat.

Dort hat Bruckner seine Hetz mit dem darin einsitzenden Affen, den sich Abt Dorfer im Herbst 1878 vom Rohrbacher Gemeindearzt Niederleithner hat aufdrängen lassen – nachdem es im Stift in den 1850ern bereits einen möglicherweise von Fürstin Weissenwolff aus Steyregg gestifteten und an einer mehrfach reparaturbedürftigen Kette gehaltenen Affen gegeben hat.

Am dritten Oktober 1878 schreibt der Allgemeinmediziner an Dorfer: „Mein Sohn, Schiffsarzt beim öst. Loid in Triest hat mir aus Triest von seiner Reise von Lombin einen kleinen Affen geschickt. Obwohl derselbe ein äusserst posierliches Thier ist, ganz zahm, den Menschen anhänglich beinahe nicht zu vertreiben ist, durchaus nicht beißt, so kann ich ihn auf die Länge doch nicht behalten. Gegenwärtig sind die Kinder meiner Tochter von Wien hier, mit diesen unterhält er sich, wen [sic!] diese aber in Kürze abreisen, so bin ich mit meiner Frau wieder allein. Da mich meine Berufsgeschäfte auch des Tags über abberuffen, meine Frau kein Freund dieser Thiere ist, so ist mir um dieses Thier, welches ich bereits lieb gewonnen habe leid und es würde ihm an jeder Verpflegung mangeln."

Betreffs der Unterbringung meint Niederleithner, „am besten würde er sich im Glashaus in einem größeren Käfig überwintern lassen, so wie in einem Stall. Die Kosten der Erhaltung sind fast Nul, er frißt Brot, Weitzen, Erdäpfel. Am liebsten jedoch Obst. Bei uns geht er beim offenen Haustor aus und ein und legt sich in die Sonne und kommt jederzeit, wenn man ihn ruft. Hier im Zimmer könnte man ihn ohne Aufsicht doch nicht lassen. So hat er nun unlängst sämtliche Bücher vom Kasten in ein anderes Zimmer getragen. Wenn er widerspenstig sich zeigt, genügt eine sanfte Maulschelle, um wieder das folgsamste und sanfteste Thier zu werden."

Bruckner für seinen Teil versteht sich offenbar prächtig mit seinem kleinen Alter Ego, das in Wilhering ein solcher Exot ist wie er in Wien. Dass er, wie sein Zeitgenosse Charles Darwin in *On the Origin of Species* 1859 darlegt, selbst Vertreter einer evolutionär lange unauffällig gebliebenen Affenart ist, ist Bruckner möglicherweise nicht bewusst.

Der Legende nach hinterlassen die Begegnungen mit dem Affen, der von Rohrbach im Käfig mit der Post nach Ottensheim und von dort bestimmt mit der Drahtseilbrücke ans andere Ufer gekommen ist, ihre Spuren sogar in einer Bruckner-Sinfonie.

**Anton Bruckner zum Nachhören**

## In Sanctum Angelum custodem hymnus „Iam lucis orto sidere", WAB 18, 1–2

Die Wilhering-Connection Bruckners verdankt sich der Bekanntschaft mit Pater Robert Riepl, auf den der ans Stundengebet angelehnte Hymnus *Iam lucis orto sidere* zurückgeht. Bruckner vertont ihn in zwei respektive drei Fassungen: für vierstimmigen gemischten Chor mit und ohne Orgelbegleitung sowie für vierstimmigen Männerchor a cappella. Noch im Jahr seiner Vertonung 1868 wird dem *Schutzengelhymnus* die bischöfliche Freigabe für den Gebrauch im Gottesdienst zuteil. Zugeeignet ist das kleine Stück Abt Alois Dorfer – aber nicht in seiner Funktion als Oberster von Stift Wilhering, sondern als Vorsitzender der Wilheringer Schutzengelbruderschaft.

*In Sanctum Angelum custodem hymnus*
*„Iam lucis orto sidere"*, WAB 18, 1–2
Choir of St. Mary's Cathedral Edinburgh,
Duncan Ferguson

Wilhering

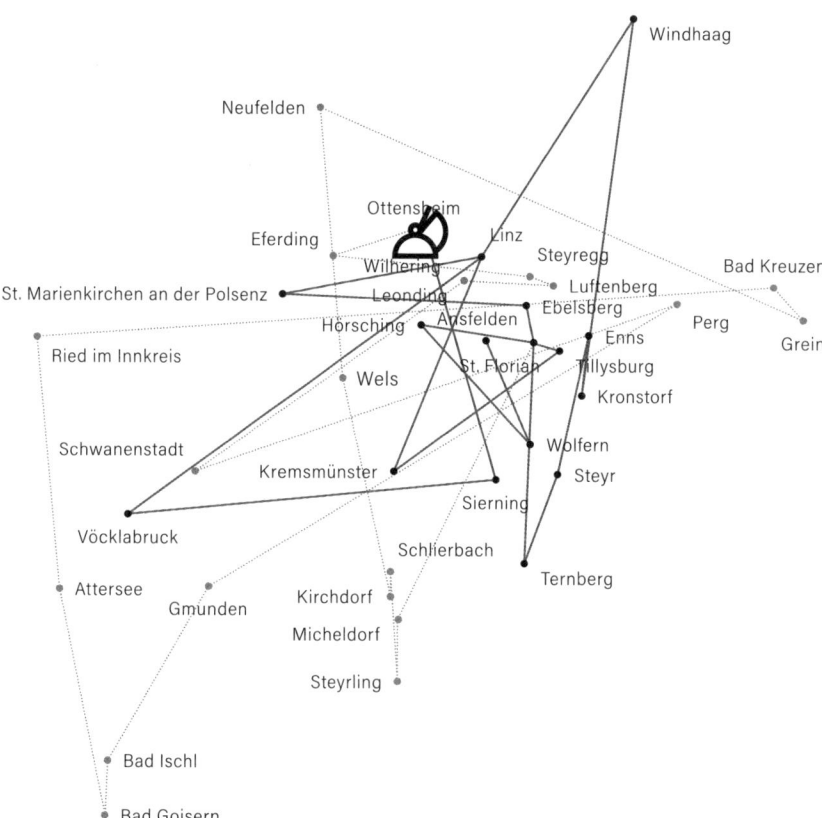

4100
## **Ottensheim**
Oddnsheim bzw. **Oheim**
48° 20′ N, 14° 11′ O

# Ahoi

Auch wenn im neunzehnten Jahrhundert vieles länger dauert als heute, hat dennoch manches mehr Tempo. Wie zum Beispiel die noch unregulierte Donau, in der sich bis in die 1930er-Jahre hinein Störe und andere meterlange Fischkolosse tummeln, denen danach die Kraftwerke den Weg versperren. An der Strömung ist der Donau dieser Tage jedenfalls kaum mehr anzumerken, dass sie ihrem Wesen nach ein Gebirgsfluss ist.

Was nicht nur Ökologen bedauern, sondern auch die Besatzung der Drahtseilbrücke Ottensheim, auf der sich unter anderem Maximilian Bayer – seines Zeichens Student der technischen Physik a. D. – im nautischen Pendelverkehr zwischen Ottensheim und Wilhering das Geld für seine WG-Zimmermiete sowie alle weiteren kostenpflichtigen Lebensnotwendigkeiten und Lustbarkeiten verdient. Mit Arbeit, bei der er stets im sprichwörtlichen Fluss ist.

Die Trägheit der Donau hat nicht nur mit dem nahen Kraftwerk in Aschach zu tun, sondern auch mit der zunehmenden Verlandung der Ufer infolge von Hochwassern. Was bedeutet, dass die Fähre vor allem bei Niederwasser auf Dieselmotorenunterstützung angewiesen ist, um von den Anlegern aufs offene Wasser hinauszukommen – zulasten ihrer grundsätzlichen Klimaneutralität.

Obendrein geht die gemächliche Strömungsdynamik auf die Zeit: Fünf bis sieben Minuten dauert eine Überfahrt im Schnitt. Führt die Donau Schmelz- oder anderes Mehrwasser, geht es viel schneller. Bayers Rekord liegt bei zwei Minuten, in denen der parallel zum Steuermann Dienst versehende Brückenmeister unten kaum mit dem Autoschlichten (bis zu dreizehn haben Platz), Ticketverkauf, Pfiatgottsagen und Schrankenöffnen nachkommt.

Grundsätzlich sei die Arbeit auf der Drahtseilbrücke nicht schwer, sagt Bayer. Das Wichtigste könne man nach einem Tag. Der Rest sei Übung, mit der man sich die Feinheiten und seine persönlichen Strategien im Umgang mit gutem oder widrigem Wind und dem Fluss erarbeite. Rund dreißig Mal geht es an einem gewöhnlichen Arbeitstag über den Strom. Hin und wieder kommen Sonderfahrten dazu, wenn die Fähre als schwimmende Bühne für Lesungen, Theaterabende, Filmprojektionen und dergleichen dient.

So etwas kann und will man sich bei der „Ottensheimer Drahtseilbrücke Sigl & Compagnie" zum Zeitpunkt der volksfestartigen Eröffnung der „Überfuhr" am zweiten Juli 1871 noch gar nicht vorstellen. Mit dem Segen von Abt Alois Dorfer, der das Stift zugleich als Hauptgesellschafter vertritt, löst die Fähre den Zillenverkehr ab. Der rasche wirtschaftliche Erfolg bleibt der Compagnie verwehrt, doch bald schon kann sich niemand mehr einen Verzicht auf die sichere und komfortable Verbindung der beiden Donauorte vorstellen. Auch nicht Anton Bruckner, der mit an Sicherheit grenzender Wahrscheinlichkeit die „Überfuhr" nutzt, um während seiner Wilheringer Stiftsaufenthalte Familie Weißgärber am anderen Ufer zu besuchen.

In beziehungsweise mit Ottensheim hat er schon um 1855 zu tun gehabt, als die Ottensheimer Orgelbauer Josef und Leopold Breinbauer bei der von Bruckner als Domorganisten betriebenen Restaurierung der Stadtpfarrkirchen- und der Domorgeln zum Zug kommen wollen.

Die Besuche im Hause der Familie Weißgärber, die ab 1878 in Ottensheim lebt, sind rein privater Natur: Alois Weißgärber senior und Bruckner kennen sich aus Kirchdorf an der Krems, wo Weißgärber Lehrer und Leiter der Liedertafel gewesen ist. Vis-à-vis von Wilhering wirkt er über seinen Brotberuf als Lehrer hinaus als Organist, Chormeister und Orchesterdirigent. Auch seine Frau Bertha, geborene Barghesi, ist eine versierte Sängerin und Pianistin und zählt zu den Damen, mit denen Bruckner Klavier zu vier Händen spielt. Hat sie eine neue Messe einstudiert, nimmt Bruckner auf einer der Bänke in der Ottensheimer Pfarrkirche Platz, wenn es seine Zeit erlaubt.

Die Kinder der Weißgärbers schlagen allesamt einen musikalischen oder anderweitig musischen Lebens- und Berufsweg ein, betreiben Gesangs- und Opernschulen, stehen im Theater oder im Konzertsaal auf der Bühne, unterrichten am Bruckner- wie auch am Wiener Konservatorium oder kommen bei den Wiener Philharmonikern unter. Spannenderweise beharren mit Milly – Emilie – und Max gleich zwei Weißgärber-Sprösslinge darauf, nicht nur künstlerisch, sondern auch genetisch von Anton Bruckner abzustammen. Milly ist felsenfest davon überzeugt, dass ihre Mutter Bertha eine leibliche Tochter ihres späteren Hausfreundes gewesen soll; Max ist hingegen ob seiner Ähnlichkeit mit dem Komponisten, die ihn sogar zum Bruckner-Modell für einen Porträtmaler werden lässt, von seiner Bruckner-Sohnschaft überzeugt.

Das hartnäckige Gerücht hält sich noch bis 2008, als DNA-Proben von einer Weißgärber-Nachfahrin einerseits und einem Zylinder aus Bruckners Nachlass andererseits miteinander verglichen werden. Mit dem Ergebnis, dass die Übereinstimmungen bei null liegen.

Dass die Drahtseilbrücke Teil der kulturellen DNA von Ottensheim ist, steht hingegen außer Streit. Das Fährschiff, mit dem Bruckner hinüber- und retour gefahren worden ist, existiert allerdings nur mehr auf älteren Aufnahmen: Seit 1964 gleitet sein von der Schiffswerft Linz AG gebauter Nachfolger über das Wasser.

Einer seiner eingefleischten Stammpassagiere ist der in Ottensheim heimische Fernseh- und Volksschauspieler Ferdinand Öllinger. Den alle Welt unter seinem Rufnamen Ferry kennt, der auf Englisch herrlicherweise nichts anderes bedeutet als: Fähre.

„Seine Majestät geruhten mir wissen zu lassen, daß meine Kunstreisen, etc. mein allergnädigster Kaiser und Herr bezahlen werde und wenn es Tausende sein sollten."

Aus einem Brief an Moritz von Mayfeld

4070
# **Eferding**
Efading
48° 18' N, 14° 1' O

## G'schamster Diener

Von Sankt Marienkirchen an der Polsenz, dem Heimatort von Familie Seiberl, ist es nicht weit in die Bezirksstadt Eferding, wo mit Ferdinand Edelhart ein gewesener Schüler Bruckners zu seinem vormaligen Lehrer aufgeschlossen hat und Schulleiter geworden ist.

Edelhart und sein Freundeskreis sind die eine soziale Attraktion, die Bruckner mehrmals den Weg in die Kleinstadt in Beckenlage nehmen lassen. Die örtliche Liedertafel ist die andere, und Josef Seiberl gewinnt seinen Freund 1851 dafür, dem Amateurensemble zwei Motti zu widmen.

Es ist das Jahr, in dem sich der stets um Titel, Zeugnisse und Bildungsabschlüsse bemühte Bruckner in Sankt Florian Urlaub vom Stiftsorganistenamt nimmt, um nach Linz zu wandern. Dort geht er an Bord eines Linienbootes der Ersten Donau-Dampfschifffahrts-Gesellschaft, das ihn nach Wien bringt, wo er bei Hofkapellmeister Ignaz Aßmayr vorstellig wird.

Von Aßmayr, der sein Handwerk unter anderem bei Joseph Haydns Bruder Michael erlernt hat, lässt er sich sein kompositorisches Können bestätigen. Frei nach dem Motto, dass dies im besten Fall nutzen und im schlimmsten nicht schaden könne, denn Bruckner hat in aller Diskretion jenseits der Musik einen alternativen Laufbahnplan im Kopf: Er denkt an eine Beamtenkarriere.

Lassen wir ein inneres Bild von Bruckner in Eferding entstehen, sehen wir ihn nicht nur im Kreis singender Männer und wohlwollender Freunde und Bekannter sitzen, trinken oder spazieren. Sondern im Vorbeigehen auch einen Augenblick lang mit einer Mischung aus Sehnsucht, Kennerschaft und Respekt auf das Portal des Eferdinger Bezirksgerichtes am Stadtplatz Nummer einunddreißig schauen. Auch daheim in Sankt Florian gibt es – bis 1958 – ein Bezirksgericht, auf dem Stiftsorganist Bruckner heimlich volontiert, ohne dass der Abt und die Prälaten im Kloster davon wüssten.

Als Betrachter des schmucken Eferdinger Justizgebäudes hat Bruckner vermutlich bereits eine sehr konkrete Vorstellung von den Aufgaben und Abläufen in einer Gerichtskanzlei. Wie sehr es dem mit einem Dienst am Staat Liebäugelnden um die Erfahrung der Praxis geht, ist ungewiss; sicher ist, dass es der unbezahlt mithelfende Bruckner auf das Praxiszeugnis abgesehen hat. Es bescheinigt ihm in Anbetracht von „besonderem Fleiß und Geschicklichkeit" die Eignung für den Kanzleidienst, wobei er „in dieser Beziehung als sehr verwendbar empfohlen werden kann."

Die bezirksgerichtliche Empfehlung ist jedoch lediglich ein Teilerfolg, denn wie Bruckner nur allzu gut weiß, fehlt ihm für die Entwicklung zum juristisch gebildeten höheren Beamten das Latinum. Eine Scharte, die Bruckner noch in seinen ersten Jahren als Domorganist in Linz auszuwetzen versucht: Er nimmt Lateinunterricht bei zwei Linzer Gymnasiasten, die er beharrlich mit „Herr Professor" anspricht, trotzdem er annähernd doppelt so alt wie die beiden ist. Appellationsrat Scharschmidt, der Bruckner in Sankt Florian auf der Orgel gehört hat, rät Bruckner schließlich mit den Worten, so spiele kein Kanzleibeamter, von einer beruflichen Neuorientierung ab.

So setzt Bruckner seine Versuche, sich über seine Domorganistenstelle hinaus finanziell und professionell zusätzlich abzusichern, auf künstlerischem und musikpädagogischem Weg fort. Von Linz aus versucht er, die Gesellschaft der Musikfreunde in Wien zur Verleihung eines Professorentitels zu bewegen, was daran scheitert, dass die Musikfreunde generell keine Titel vergeben. Bruckner lässt indes nicht locker und wird erneut vorstellig: Mit dem Ersuchen, ihm seine Tauglichkeit als „Lehrer für Harmonielehre und Contrapunkt an Conservatorien" – wie die Gesellschaft der Musikfreunde eines betreibt – zu bescheinigen.

1867 geht bei der Universität Wien ein Schreiben ein, in dem die Einrichtung einer fixen Lehrstelle für Musiktheorie und Harmonielehre für den Absender erbeten wird – bei dem es sich natürlich um Anton Bruckner aus Linz handelt. 1874 unternimmt er den nächsten erfolglosen Versuch diesbezüglich. 1875 wird er endlich als Lektor für Harmonielehre und Kontrapunkt zugelassen, allerdings unbesoldet.

Bruckners Freude daran währt höchstens befristet, denn nun taucht am Horizont seiner Wünsche ein neues Ziel auf: die Ehrendoktorwürde, die seinem Rivalen Brahms 1877 (Cambridge) und 1879 (Breslau) gleich doppelt zuteilwird. Bruckner hingegen fällt doppelt hinein.

Und zwar auf einen englischen Betrüger, der sich Professor Doktor Vincent nennt und Bruckner in dessen Wiener Stammwirtshaus Gause zweimal Geld entlockt – für die Vermittlung eines Ehrendoktorates aus Cambridge und dann, als von dort angeblich eine Absage kommt, für einen weiteren vergeblichen Versuch in Philadelphia in Übersee. Als Bruckner 1891 dann als erster Musiker das Ehrendoktorat der Universität Wien erhält, erlebt der Titelträger nach eigenem Bekunden den „höchsten Triumph meiner Lebenspilgerfahrt" und „die größte Freude meines Lebens".

Kurz vor dessen Ende lässt sich Bruckner eine letzte Beglaubigung ausstellen. Als ihm sein Arzt Richard Heller wegen nasskalten Wetters den Messbesuch untersagt, fürchtet Bruckner offenbar um seine Autonomie. Auf Wunsch seines Patienten hält der Mediziner in dreifacher Ausfertigung fest: „Nachdem Herr Prof. Dr. Anton Bruckner sich bis in sein hohes Alter um die Kunst hochverdient gemacht hat, soll er immer seine volle Freiheit (sobald er genesen ist) haben und überhaupt sein ganzes Leben voll und voll genießen."

> **„Lassen Sie sich nicht durch Erbärmlichkeiten beirren, es kommen ja auch aus dem Auslande gute Urteile und aus Wien."**
>
> Aus einer Dankesrede
> an die Liedertafel „Frohsinn"

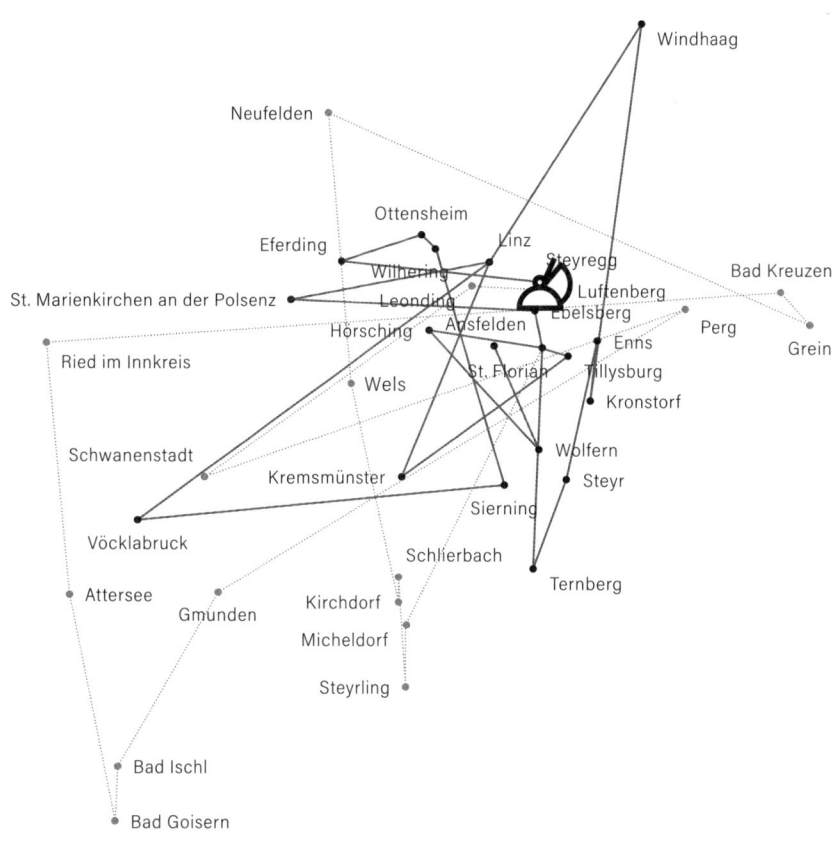

4221
# Steyregg
Schdeiregg
48° 17' N, 14° 22' O

# Weinwurm und der Nationalgardist

Dass Adelige in der Geschichte im Allgemeinen und jener ihrer Familie im Speziellen über mehrhundertjährige Zeiträume bis ins Detail bewandert sind, ist ein Klischee, zu dessen fortdauernder Verbreitung Graf Niklas Salm-Reifferscheidt durchaus seinen Beitrag liefert: Der Eigentümer, Verwalter und Gestalter von Schloss Steyregg findet sich im Gewirr der historischen Handlungsstränge, Verbindungslinien und Zusammenhänge so mühelos zurecht wie im architektonischen Wahrzeichen von Steyregg und dem dazugehörigen Wald- und Immobilienbesitz, der über den Pfennigberg bis in die Innenstadt von Linz reicht. Diese traumwandlerische Sicherheit hat sich der studierte und persönlich überaus konziliante, aber in der Sache streitbare Historiker mit fundierten forst- und betriebswirtschaftlichen sowie juristischen Kenntnissen allerdings erst als Erwachsener angeeignet – nach einem persönlichen Sinneswandel am Ende einer Adoleszenz im Zeichen rebellischen Desinteresses an allem Geschichtlichen.

Wo es an Quellen mangelt, sind jedoch auch historisch so umfassend informierten Menschen wie Niklas Salm-Reifferscheidt die Hände gebunden. Weshalb auch der Graf von Steyregg nicht zu sagen weiß, was Anton Bruckner und seinen ergebenen Freund Rudolf Weinwurm im September 1856 nach Steyregg geführt hat.

Aus einem Brief Bruckners weiß man, dass er mit einem der dort lebenden Beamten namens Michael Gitlberger bekannt ist. Mit ihm verbindet ihn die gemeinsame Mitgliedschaft in der kurzlebigen Nationalgarde, die 1848 mit kaiserlicher Billigung im Revolutionsfall für die Wahrung von Ordnung und Sicherheit aufgestellt worden und über ihren Schwerpunkt Wien hinaus mit weiteren Kompanien vertreten ist. Auch in Sankt Florian, wo sich Gitlberger und Bruckner der patriotischen Sache anschließen.

Der in Wien lebende Weinwurm und Bruckner haben sich auf ihrem Weg nach Steyregg, während ihres Aufenthaltes und bei der Rückkehr nach Linz auf jeden Fall jede Menge zu erzählen. Als Komponisten und Chordirigenten sind sie vom gleichen Fach, und ihre Bekanntschaft ist erste einige wenige Wochen jung: Weinwurms Bruder Alois singt mit Bruckner bei der Liedertafel „Frohsinn"; er hat die Herren einander im Anschluss an das Mozartfest in Salzburg vorgestellt, an dem beide in vokaler Mission teilgenommen haben.

Das wuchtige Schloss auf seinem Berg in Steyregg sehen die beiden womöglich nur von unten respektive außen: Die zwei großen Brände von 1770 und 1778 haben den massiven Bau so gut wie unbewohnbar gemacht. Seine Besitzer bewohnen deshalb seither ein vergleichsweise kleines Barockschlösschen im Ort – das wiederum im Zweiten Weltkrieg von einer am falschen Donauufer niedergehenden und eigentlich auf die Linzer Göring-Werke gemünzten Fliegerbombe aus amerikanischen Beständen zerstört wird.

Mit Kriegsfolgen sind die Salm-Reifferscheidts noch heute konfrontiert: In zahlreichen alten Bäumen wimmelt es so von Bombensplittern, dass sie nicht als Sägeholz zu gebrauchen sind. Und immer noch erholt sich der Wald vom sauren Regen, den die bis in die 1990er-Jahre quasi filterlos qualmende Stahl- und Chemieindustrie in Linz seinerzeit verursacht hat – ironischerweise von einem Betriebsgelände aus, das bis zur Enteignung in der NS-Zeit zum Grundbesitz von Schloss Steyregg gehört hat.

Dessen Besitzer sind zu Bruckners Zeit Landeshauptmann Johann und seine Frau Sophie von Weissenwolff. Ihr indirekter Nachfahre Niklas Salm-Reifferscheidt weiß von den beiden als außerordentlich musischen Menschen, die im Neuen Schloss Künstler wie den von Bruckner so geliebten Franz Schubert zu Gast haben. Er musiziert mit der Gräfin, die das *Ave Maria! Jungfrau mild!* aus seiner Vertonung der deutschen Fassungen von Walter Scotts *The Lady of the Lake* singt, die er ihr anschließend persönlich widmet.

Dass sich von Weissenwolff als Landeshauptmann und Bruckner als Domorganist und Chorleiter in Linz nicht begegnet sein sollen, ist für Niklas Salm so unplausibel wie die Vorstellung, Bruckner und Weinwurm könnten in Steyregg nicht im Neuen Schloss empfangen worden sein. Und vielleicht, wer weiß, haben die Gastgeber ihre Besucher ja doch auf eine Besichtigungstour ins Alte Schloss hinauf mitgenommen, das Niklas Salm in den letzten Jahren unter größten persönlichen und finanziellen Anstrengungen vor dem Verfall gerettet und wieder bewohnbar gemacht hat.

Möglicherweise also haben Weinwurm und Bruckner die Schlosskapelle mit ihren Fresken aus dem dreizehnten Jahrhundert und Oberösterreichs ältester Schutzmantelmadonnendarstellung zu sehen bekommen. Und die denkwürdige Geschichte des Gebetsraumes gehört, der selbst dann katholisch bleibt, als vor den Weissenwolffs die protestantischen Jörger auf Steyregg leben: Um sie zu provozieren, entsendet die katholische Kirche regelmäßig einen Geistlichen zur Abhaltung von Gottesdiensten, bei denen die Jörger dafür sorgen, dass sie unter Ausschluss der Öffentlichkeit stattfinden. Was den Priester in seinen einsamen Predigten im geistlichen Feindesland umso lauter gegen die Lutheraner wettern lässt – und die Hausherren auf die Idee bringt, zwecks theologischer Sabotage eine Affenschar in der Kapelle zu halten.

Nicht ausschließen lässt sich, dass es auf Steyregg noch Affen gibt, als das Schloss von den Jörgern auf die Weissenwolffs übergeht – und es sich beim ersten Affenexemplar im Stiftspalmenhaus von Wilhering tatsächlich um ein gräfliches Geschenk aus Steyregg handelt.

## „Segn'S, meine Herren, des ist die Regel. I schreib natürlich net a so."

Bruckner in einer Musiktheorie-Vorlesung

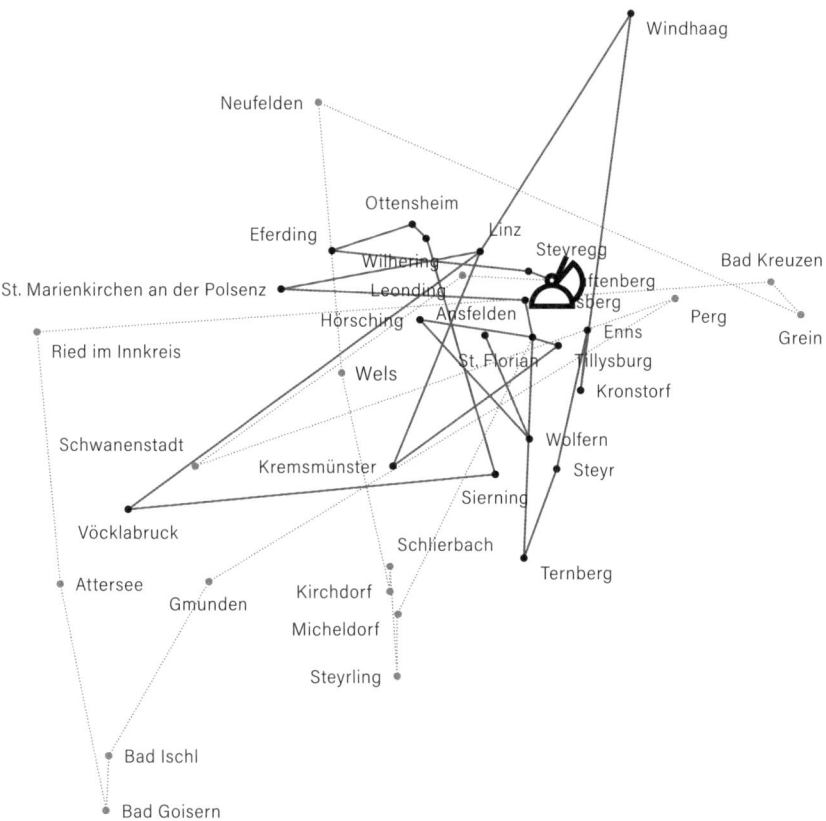

4225
# Luftenberg
Lufdnbeag
48° 17′ N, 14° 26′ O

## Alle Neune: in Stein gemeißelt

Künstlerisch bietet Bruckner naturgemäß allen, die ihn spielen und hören, jede Menge interpretatorischen Ermessensspielraum. Dazu kommen allerlei Leerstellen für Spekulationen, doch in Summe kann, darf oder muss man angesichts jahrzehntelanger akribischer Bruckner-Forschung sagen, dass in Bezug auf Bruckner vieles in Stein gemeißelt ist.

Dazu zählen auch die zahlreichen Denkmäler und Gedenktafeln, die an den Komponisten-Organisten-Chorleiter-Lehrer-Schüler Bruckner wie auch an verschiedene Begebenheiten und Ereignisse in der Biografie des reise- und erlebnisfreudigen Zeitgenossen erinnern.

Hinzu kommen all die Brucknerstraßen und -plätze, die nicht nur in Oberösterreich quasi zur kommunalen Grundausstattung gehören. So wie sonst nur die Stifterstraßen, was in der Tourismusregion Linz etwa dazu führt, dass es dort ein Stifterhaus (Linz), eine Stiftervilla (Kirchschlag), ein Brucknerhaus (Linz) und ein Anton-Bruckner-Centrum (Ansfelden), zwei Brucknerstraßen (Ansfelden, Linz) und drei Stifterstraßen (Ansfelden, Kirchschlag, Linz) gibt.

Ihre Kennzeichnung als Bruckner- oder Stifterstraße ist im Gegensatz zu den Tafeln nicht in Marmor und Co gehauen, sondern in der

Regel ein Fall für das klassische emaillierte Blechschild mit weißer Typografie auf dunkelblauem Grund.

Eine diesbezügliche Vergleichs- und Überblicksstudie im Fotoformat würde sich womöglich das Filmprädikat „künstlerisch wertvoll" verdienen und bestimmt eine große Bandbreite heraldischer Daseinsqualitäten versammeln: Akkurat auf makellosen Fassaden angebrachte und fast klinisch saubere Exemplare würden windschief gewordener Stangenware mit Rost und Dellen gegenüberstehen. Gäbe es eine Zusammenschau der Bruckner-Gedenktafeln, nähme das Exemplar aus Luftenberg an der Donau ihres Inhalts wegen eine Sonderstellung ein – informiert es doch darüber, dass Bruckner in der örtlichen Taverne mehr als nur einen Kegelabend verbracht hat.

Beziehungsweise verbracht haben soll, wie jeder wahrhaft versierte Bruckner-Historiker sofort einwerfen würde. Denn dass Bruckner im Kreis namentlich nicht bekannter Freunde zum Kegeln ins Luftenberger Gasthaus Mayrhofer gegangen oder gefahren ist, ist nur in den handgeschriebenen Erinnerungen eines erst 1917 geborenen Sankt Georgeners namens Leopold Hauser zu entnehmen.

Und eben der Tafel zum nicht unbedingt feierlichen Gedenken an den Kegelbruder Bruckner, die einst von der Trachtenkapelle Luftenberg in Auftrag gegeben worden ist.

Zieht man den Wirtshausstammgast, Kaffeehaus-Habitué, Tanzgeiger, Eisstockschützen sowie den versierten wie auch ausdauernden Quadrille-Tänzer Bruckner in Betracht, passt die Freude am Kegelspiel allemal gut ins Bild – auch wenn die Luftenberger Kegelabende wissenschaftlich nicht gesichert sein mögen.

Über den kulturellen Wert von Gedenktafeln kann man diskutieren; vor allem, wenn die Geschichtsträchtigkeit des Anlasses für ihre Anbringung fraglich scheint. Der materielle Wert von Steintafeln mit Inschriften ist hingegen viel einfacher festzumachen. So auch bei der Bruckner-Gedenktafel in Luftenberg, auf der es heißt: „Zur Erinnerung an Bruckners Kegelabende in der Taverne zu Luftenberg". Beauftragte man den im nahen Mauthausen sowie in Perg und Garsten ansässigen Steinmetzmeisterbetrieb Sandler mit der Anfertigung einer solchen Gedenktafel, schlügen allein für die Gravur der neunundfünfzig Buchstaben aktuell je nach Ausführung mit sechshundertneunundvierzig, siebenhundertachtundzwanzig oder neunhundertvierundvierzig Euro zu Buche: Auf der CNC-Fräse fallen elf Euro pro Letter an, beim Sandstrahlen sind es dreizehn Euro und sechzehn Euro bei Handgravur mit dem feinen Schriftmeißel.

Gälte es die Luftenberger Tafel um eine neu gewonnene Information zu ergänzen, käme ausschließlich letztere Variante infrage, sagt Steinmetzmeister Christian Sandler: Nur so sei gewährleistet, dass die neue Schrifttype identisch mit der alten sei. Sein Betrieb, der wie die meisten in der Branche in erster Linie mit Grabstätten und in zweiter mit Küchenarbeitsplatten zu tun hat, mache derlei relativ oft in der Gedenkstätte im ehemaligen Konzentrationslager Mauthausen. Dort sei immer wieder etwas zu restaurieren oder zu erweitern.

Auch abseits der Friedhöfe und Gedenkstätten haben Sandler und seine Steinmetze häufig mit dem Tod zu tun. Etwa dann, wenn sie steinerne Gedenktafeln für Menschen anfertigen, die auf der Straße oder in den Bergen ums Leben gekommen sind. Dass sie damit

Informationsträger schaffen, die bei einiger Pflege noch Jahrhunderte oder gar Jahrtausende später Auskunft geben können, gehört zur tiefen inneren Befriedigung, die ein Steinmetz wie Sandler aus seinem Tun zieht.

Technisch hat sich an der Gravur von Hand seit Bruckners Zeit und davor kaum etwas geändert. Nur die mit dem Pinsel aufgetragene Haftgrundierung für den Blattgoldstaub, mit dem die Buchstaben ausgemalt werden, härtet heute schneller aus als früher.

Bruckner selbst erlebt die Anbringung der ersten Gedenktafel für seine Person 1896 noch indirekt mit.

Auf Betreiben der Liedertafel „Frohsinn" wird sie an Bruckners Geburtshaus in Ansfelden angebracht. Der Geehrte selbst ist außerstande, Emotionen dafür aufzubringen: Bereits im Sterben liegend, schickt er sich gerade an, zeitnah weitere Steinmetzarbeiten erforderlich zu machen.

## „Der Lorbeerkranz ist soeben angekommen. Ein Riese."

Bruckner berichtet Theodor Helm von einer erfolgreichen Aufführung in Berlin

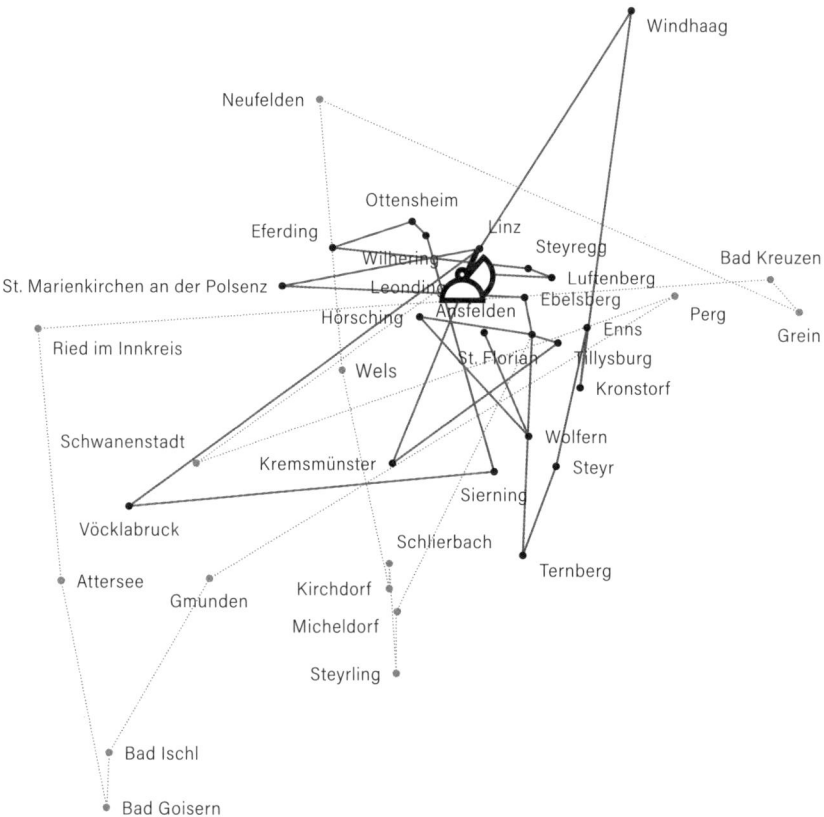

4059 & 4060
# Leonding
Launding
48° 17′ N, 14° 15′ O

## Freispruch

Zwischen den Epochen des historischen Biedermeier im Überwachungsstaat des österreichischen Kanzlers Clemens Wenceslaus Nepomuk Lothar von Metternich und dem modernen Biedermeier im digitalen Überwachungskapitalismus sind im Kürnberger Wald viel Bäume gepflanzt und gefällt worden. Ohne dass sich etwas an der Popularität des ausgedehnten Forstes geändert hätte: Damals wie heute zieht es die Menschen aus und um Linz dorthin, und auch Anton Bruckner macht da keine Ausnahme – weder als Linzer Domorganist und Chorbruder noch als aus Wien angereister Sommergast im Stift Wilhering, das den Wald um die Mitte des achtzehnten Jahrhunderts samt der Jagd aus landesfürstlichem Besitz kauft. Bestimmt nicht die schlechteste Art, kirchliches Kapital anzulegen.

Seine Attraktivität als Wander- und Ausflugsziel verdankt er zu einem nicht unwesentlichen Teil dem Jagd- und Forsthaus darin. Die dort lebenden Oberjäger und Förster sind von Kaiser Maximilian persönlich mit dem Krugrecht ausgestattet worden. Das erlaubt es den Hausherren, sich mittels Speisen- und Getränkeverkauf ein dick gebuttertes Zubrot zu verdienen. Vor allem an sonnigen Sonntagen ziehen, wie es heißt, ganze Heerscharen zum Jäger im Kürnberg, wie das Ausflugsgasthaus genannt wird, hinaus.

Mehrere Male ist Bruckner mit seinen Chorkollegen unter den Gästen, häufig wandert er mit seinem Wilheringer Organistenkollegen auf das eine und andere Bier hierher. Nicht immer aber gelangt Bruckner ans Ziel: Verbürgt ist, dass er und sein Wilheringer Freund Preßt eines heißen Sommernachmittages zwecks der würzigen Waldluft vom Wilheringer Stift mit Wanderstecken bewehrt zu einem Gang zum Jäger aufbrechen. Schon nach wenigen Metern kommen die beiden partout nicht am Bräuhaus vorbei, wo sie sich einen Krug um den anderen kommen lassen und die würzige Waldluft aus sicherer Entfernung preisen. Erst am Abend soll das Duo in großer Zufriedenheit über den schönen Ausflug nicht mehr ganz nüchtern heimgekehrt sein.

Am zehnten Juli 1863 hat Bruckner hingegen schon im Vorfeld dafür gesorgt, dass er den Jäger im Kürnberg erreichen und auch in möglicherweise angetrunkenem Zustand sicher wieder nach Hause kommen wird: Er hat eine Kutsche bestellt, die ihn und seine beiden Gäste chauffieren wird.

Das Paar, das er zu einem Festmahl mit Umtrunk – oder umgekehrt – geladen hat, sind die Eheleute Kitzler. Der Anlass ist ein historischer: Nach knapp zwei Jahren Studium bei dem um zehn Jahre jüngeren Otto Kitzler ist der Tag gekommen, an dem sich Bruckner freisprechen lassen möchte. So, als hätte es sich nicht um ein informelles, wenn auch auf einem durchdachten Lehrplan beruhendes Privatstudium gehandelt, sondern um eine mittelalterliche Zunftausbildung.

Was Kitzler von Bruckners Ansinnen auch persönlich gehalten haben mag – er tut ihm den Gefallen. Vermutlich auch, weil der kurzzeitige Linzer Theaterkapellmeister seinen Studenten nach längerer Unterweisung gut genug kennt, um zu wissen, welche Bedeutung Zeugnisse für Bruckner haben. Er stellt ihm jedenfalls eines aus, das Bruckner bescheinigt, den auf zwei Jahre ausgelegten Kursus in neunzehn Monaten bewältigt zu haben.

Mit Kitzler hat Bruckner eine ganze Menge Glück. Zum einen begegnet er ihm in dem kleinen Zeitfenster, in dem sich der für eine Musikstadt wie das damalige Linz überqualifizierte Dresdner Cellist und Kapellmeister an der Donau aufhält. Zum anderen findet er in ihm nach dem strengen Unterrichtsregime bei Simon Sechter einen verständnisvollen Förderer, der ihn zum freien Komponieren ermutigt. Was Bruckner zu seinem berühmten Ausspruch anregt, er fühle sich dank Kitzler „wie ein Kettenhund, der sich von seiner Kette losgerissen hat."

Für Kitzler muss die Arbeit am Landestheater indes entmutigend gewesen sein. Vom bereits erwähnten Hitler-Jugendfreund August Kubizek stammt eine detaillierte Schilderung der Arbeitsbedingungen in einem Haus, das noch am Anfang des zwanzigsten Jahrhunderts weder für große Inszenierungen noch für groß besetzte Musikstücke geschaffen ist. Von aus dem Schwanengefährt fallenden Lohengrins, die unter Publikumsgelächter verstaubt wieder aus dem Meer auftauchen, ist da Rede. Von einem dramatisch unterbesetzten Theaterorchester, dem für manche Werke ein ganze Instrumentengruppe fehlt und das man mangels Platzreserve im Orchestergraben gar nicht verstärken hätte können, als auch von einem generellen Mangel an bühnentechnischen Einrichtungen wie Kostümen und Requisiten. Dass die Arbeitsbedingungen vierzig Jahre zuvor besser gewesen sein sollen, ist schwer vorstellbar.

Als Kitzler noch 1863 von Linz nach Temeswar und später nach Hermannstadt und Brünn weiterzieht, setzt Bruckner sein Studium trotz Freispruch bei Kitzlers Nachfolger Ignaz Dorn fort. Unbeschadet dessen pflegen Kitzler und Bruckner ihre Freundschaft bis zuletzt weiter. Kitzler wird Bruckner um neunzehn Jahre überdauern, der Jäger im Kürnberg gar um über sechzig Jahre: Bis 1957 wird im Wald noch eingeschenkt und ausgetrunken, ehe das Anwesen zu einem privaten Wohnhaus wird.

„Ich freue mich sehr, daß du so wohl auf bist. Den Damen meinen Handkuß. Möchtest du nicht einmal meine C-moll Sinfonie aufführen? Leb' recht wohl. Auf Wiedersehen! Dein Schüler A. Bruckner"

Aus einem Bruckner-Brief an Otto Kitzler

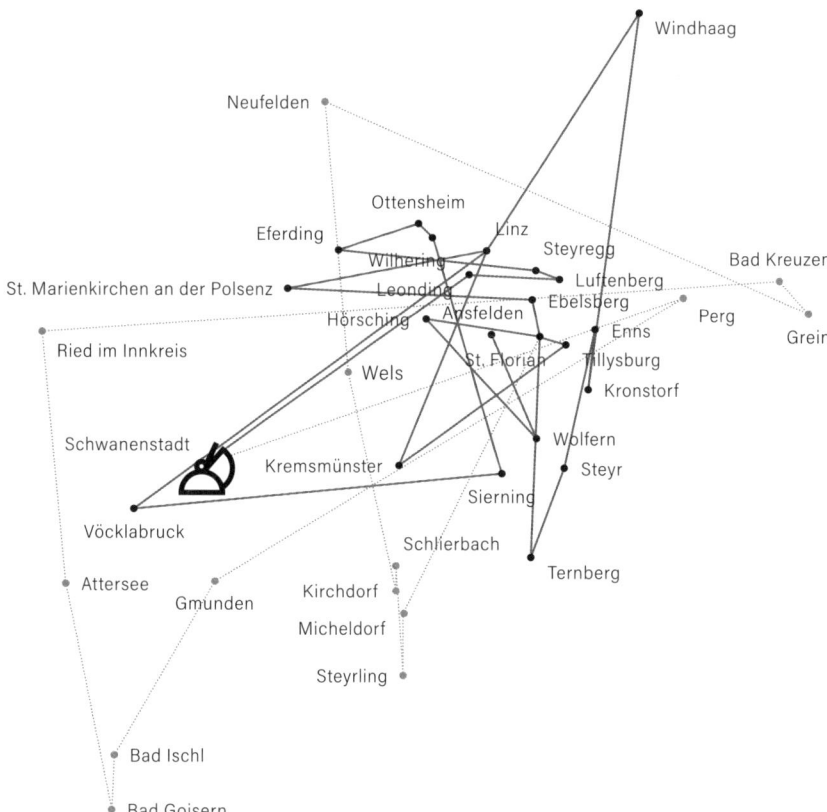

4690
# Schwanenstadt
**Schwånaschtod** bzw. **Schwauna**
48° 3′ N, 13° 47′ O

## Salon Mayfeld

Kaum, dass Bruckner in Linz zum Domorganisten bestellt ist, tritt er der Liedertafel „Frohsinn" bei und macht damit einen der ersten Schritte aus dem kirchlichen Orbit in die freiere bürgerliche Kulturwelt hinaus.

1860 wird er zum Chorleiter gewählt, und obwohl es ihm gelingt, das Amateurensemble rasch auf ein bisher unerreichtes Niveau zu bringen und bei großen Sängerfesten in Krems und Nürnberg herausragen zu lassen, hat er sich als Perfektionist keine sonderlich dankbare Aufgabe aufgehalst. Wie Friedrich Buchmayr schreibt, „entwickelte [er] beim Proben, insbesondere beim Einstudieren seiner eigenen Werke, eine geradezu nervöse Gereiztheit. Alles musste perfekt sein. Die Probe war gewöhnlich für 20 Uhr angesetzt. Die Sängerinnen trafen rechtzeitig ein, nicht aber die Herren. Bruckner musste sie in den umliegenden Gasthäusern zusammensuchen. Als er endlich mit der Sängerschar im Probelokal eintraf, atmete er keuchend, und Schweiß rann ihm von der Stirn. Sogleich aber wurde Bruckners Eifer erneut brüskiert, denn nach dem feucht-fröhlichen Gasthausbesuch waren die Sänger schwer ins richtige Fahrwasser zu bringen."

So fröhlich wie feucht sind auch die regelmäßigen sogenannten Sängerfahrten der Liedertafel, die man heute etwas schlichter als Chorausflüge bezeichnen würde. Als Mitglied beziehungsweise Leiter kommt Bruckner mit dem „Frohsinn" unter anderem in die nahe Zizlau (die zu Schloss Steyregg gehört), auf den Kürnberg, nach Aschach und Wilhering sowie nach Traun, Lambach und Fischlham. 1868 geht es nach Grein und Kreuzen, wo Bruckner als psychiatrischer Notfall kurz zuvor eine harte Zeit gehabt hat.

Vom Charakter solcher Exkursionen hat Bruckner schon vor seinem Beitritt zum „Frohsinn" einen konkreten Begriff: 1852 und 1853 ist Stift Sankt Florian das frohsinnige Sängerfahrtreiseziel gewesen. Ein Bericht der Linzer Zeitung vom dreizehnten Juli 1853 vermittelt einen Eindruck: „[In Kleinmünchen] wurden ein Paar [sic!] Chöre gesungen, und nach kurzer Rast der Weg nach Sankt Florian angetreten; dort, von der großen Hitze ermattet, angelangt, zerstreuten sich die Sänger, bis sie um 12 Uhr ein heiteres Mahl im Saale des Gastwirthes zum ‚Sperl' wieder versammelte; in den Pausen wechselten heitere Chöre mit fröhlichen Trinksprüchen […] . Um 4 Uhr Nachmittags wurden auf dem Chore der Stiftskirche das ‚Bettagslied' von Abt, und ‚das Kirchlein' von Becker, gesungen, wornach [sic!] die Sänger im Schiff der Kirche die herrlichen Töne der prachtvollen Orgel unter des dortigen Organisten, Herr Bruckners [sic!], meisterhafter Behandlung bewunderten."

Am Sonntag, dem zweiundzwanzigsten Juli 1860 begibt sich Bruckner mit dem „Frohsinn" auf Sängerfahrt nach Schwanenstadt, wo sich die Ausflügler bei den adeligen und kunstaffinen Eheleuten von Mayfeld angesagt haben, die hier ihre Sommer verbringen. Betty Edle von Mayfeld ist gebürtige Schwanenstädterin mit Schweizer Wurzeln: Ihre Herkunftsfamilie, die Fabrikantendynastie Jenny, hat auf Einladung des österreichischen Kaiserhauses – das sein Imperium von der ausländischen Textilindustrie unabhängiger zu machen trachtet – schon im achtzehnten Jahrhundert eine Musselinfabrik in Schwanenstadt etabliert, wo sich zahlreiche Facharbeiter auf das Weben und Leinenbleichen verstehen.

Bettys Mann Moritz Edler von Mayfeld stammt hingegen aus Wien und ist zum Zeitpunkt der frohsinnigen Sängerfahrt Mitglied der Frankfurter Nationalversammlung. Später wird er Bezirkshauptmann, zuerst von Linz und dann von Vöcklabruck.

Die Mayfelds schwärmen für das Theater, die Literatur und die Musik. Betty ist eine versierte Pianistin, die mit ihrem Mann wie auch mit Bruckner Klavier zu vier Händen spielt; Moritz komponiert, malt und erstellt ausführliche Berichte über seine Reisen. Zusammen führen sie ein offenes Haus, in dem Bruckner auch in den Jahren nach seinem ersten Besuch immer wieder im Musiksalon oder einfach so zu Gast sein wird.

Musikalisch hochgebildet und bestens über das kompositorische Zeitgeschehen informiert, erkennen die Mayfelds Bruckners musikalische Ausnahmebegabung sofort und fördern ihn, wie und wo sie nur können. Moritz wird Bruckner so nachdrücklich zur Weiterarbeit auf symphonischem Gebiet ermutigen, dass Bruckner behaupten wird, durch Moritz von Mayfeld ins Symphonische hineingetrieben worden zu sein – eine Metapher, angesichts derer man sich schwertut, nicht an einen behäbigen Ochsen zu denken. In der Tat gelingt es vor allem Moritz von Mayfeld nicht, stets über Bruckners in Manchem plumpes Auftreten und seine rustikalen Manieren hinwegzusehen. In aller Freundschaft tut der weltläufige Berufspolitiker und Beamte daher sein Bestes, Bruckner einen bürgerlicheren Habitus nahezulegen. Allerdings scheitert er dabei auf ganzer Linie. So bekommt er von seinem Benimmschüler wider Willen auf die ironisch gemeinte Frage, ob sich Bruckner seine Kleidung vom Tischler machen lasse, die entwaffnende Antwort: Er, Bruckner, trage sich zwar einfach – aber elegant.

„Mußte schon im September und später wieder Geld aufnehmen, wenn es mir nicht beliebte, zu verhungern. (700 fl.) Kein Mensch hilft mir. Stremayr verspricht – und thut nichts. Zum Glück sind einige Ausländer gekommen, die Lectionen bei mir nehmen –; sonst müßte ich betteln gehen. […] Gerne gehe ich ins Ausland, wenn ich nur eine ernährende Stellung bekommen könnte. Wohin soll ich mich wenden! […] Mein Leben hat alle Freude und Lust verloren – umsonst und um nichts. Wie gerne ginge ich wieder auf meinen alten Posten! Wäre ich doch damals nach England! So stehen die Dinge."

Aus einem Bruckner-Brief an Moritz von Mayfeld

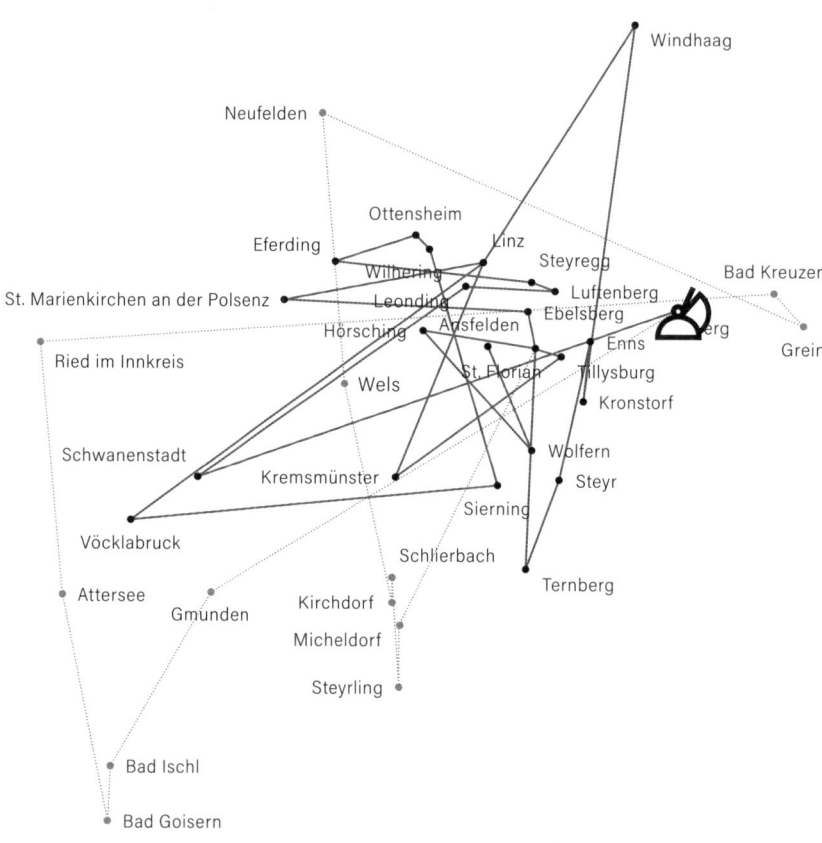

4320
# Perg
Beag
48° 15' N, 14° 38' O

# Zum guten Ton

Eine Orgel gehört in einer Kirche zum guten Ton, sei sie nun evangelisch oder katholisch wie die gotische Jakobuskirche von Perg. Das sieht schon Marktrichter Georg Hagenauer so, der 1665 eine neue Orgel in Auftrag gibt. Wer ihre Klänge als erster durch das Hallenschiff brausen hat lassen, weiß man nicht mehr, doch mit Schulmeister Haimb ist für die kurze Zeit von 1673 bis 1677 zum ersten Mal ein Organist in Perg nachweisbar. Die von Haimb gespielte Orgel hält sich fast zweihundert Jahre lang, bis sie 1828 durch ein Instrument von Orgelbauer Schwarzmayr ersetzt wird.

Die Freude an diesem währt offenbar nicht lange, denn schon 1861 wird der nächste Orgelneubau beschlossen. Bauherr ist Pfarrer Auer, der beauftragte Orgelbauunternehmer der aus Böhmen stammende Franz Xaver Meindl mit Firmensitz in Ybbs an der Donau.

1862 baut er dort die Komponenten für seine laut Wikipedia-Werkliste einzige Orgel in Oberösterreich: Ein Instrument mit zwölf Registern, das er am zwanzigsten Jänner 1863 in der Jakobuskirche aufstellt. Dank des straffen Zeit- und Projektmanagements der Perger Pfarre findet die Kollaudierung der neuen Orgel noch am selben Tag statt. Als Sachverständiger ist der Linzer Domorganist Anton Bruckner eingeladen, der in nicht weiter aufregender familiengeschichtlicher Verbindung zu Perg steht: Seine Urgroßmutter Maria Theresia, die sich noch „Pruckner" schreibt und unter dem geografisch aussagekräftigen Mädchennamen „Perger" geboren ist, stammt aus dem Markt an der Naarn.

Dessen neue Kirchenorgel schmeichelt dem unbestechlichen Ohr des aus Linz angereisten Orgelprüfers. Mit Ausnahme eines einzigen Tons, dessen Klang Bruckner mit der ihm eigenen Hartnäckigkeit so lange beanstandet, bis Meindl nachgibt und die Orgel entsprechend nachjustiert. 1875 kommt Meindl zu Wartungsarbeiten ein weiteres Mal nach Perg.

Davon profitiert speziell Oberlehrer Franz Seraph Kirchberger, der 1869 nach Perg berufen worden ist und der Pfarre, nomen est omen, als Organist dient. In Bruckner hat er einen langjährigen Freund, der ihn auch als Musiker schätzt und wiederholt besucht, wobei eine Orgelsession in der Perger Kirche stets zum Pflichtprogramm gehört.

Als Oberlehrer zählt Pädagogen- und Organistenkollege Kirchberger unzweifelhaft zur gesellschaftlichen Elite von Perg, der Bruckner auch in zwei weiteren Fällen freundschaftlich verbunden ist. Beide Male handelt es sich um zeitweilige Bürgermeister, nämlich den Brauer, Gastwirt und Politiker Karl Terpinitz – offenbar ein Wesensverwandter von Bruckner-Gastgeber Hager in und am Attersee – sowie den Lederhändler und Organisten Josef Diernhofer, dem Bruckner das *Perger Präludium* widmet, das seine Uraufführung im Stift Kremsmünster erfährt.

Was Oberösterreich betrifft, bleibt die Perger Orgelkollaudierung die einzige Amtshandlung von Orgelprüfer Bruckner, der nur noch einmal in Prag als solcher in Erscheinung tritt.

Das ist praktisch nichts im Vergleich zu der Zahl von Orgelprüfungen, die Bruckners indirekter Nachfolger Siegfried Adlberger während seiner über dreißig Jahre als Glocken- und Orgelbeauftragter der Diözese Linz bereits abgenommen hat. Eine Zahl, die Adlberger, als menschliches Großformat mit fröhlicher Präsenz und klangvoller Stimme selbst ein wenig an eine Orgel erinnernd, sofort relativiert: Es sei die Ära seines Vorgängers gewesen, in der einige Jahrzehnte lang ein Instrument nach dem anderen gebaut worden sei. Heute entschlösse man sich nur mehr selten zu einem Neubau. Und wenn, dann zumeist im Zuge einer groß angelegten Kirchenrenovierung oder gar -umgestaltung. Der parallele Sinkflug von Pfarrgemeindemitgliedern und den Kulturbudgets der öffentlichen Hand mache es immer schwerer, teure Instrumenten-Neubau-Projekte zu stemmen.

Die Kollaudierung neuer Orgeln ist daher die Ausnahme in Adlbergers Arbeit, die ihn mindestens die halbe Zeit fernab seines Tiefgeschoßbüros im Linzer Diözesanhaus zur einen und anderen der rund tausend Glocken und neunhundert Orgeln führt, für die er von Kirchenamts wegen zuständig ist. Der Regelfall sind umfangreiche Instandsetzungsarbeiten, die über die Standardleistungen im Rahmen der üblichen Wartungsverträge hinausgehen.

Ob eine Pfarre nun eine Generalsanierung oder einen Neubau im Sinn hat, Adlberger ist ihre erste Anlaufstelle. Der gelernte Orgelbaumeister beurteilt, was im Rahmen des wirtschaftlich Möglichen sinnvoll machbar ist, begleitet die Projektentwicklung, bringt seine Expertise in die Formulierung der Ausschreibung ein und nimmt die Kollaudierung der neuen oder sanierten Orgel vor – im Beisein eines Vertreters der Pfarre und des ausführenden Orgelbauers.

Einen Organisten braucht Adlberger dazu nicht. Er gehört zu den Meistern, die eine Orgel nicht nur bauen, sondern auch bespielen können. Was bei der Kollaudierung schon einige Zeit beansprucht, da jede einzelne Pfeife zum Klingen gebracht und aufmerksam behört werden will.

Als Organist mag Adlberger, der selbstverständlich auch das akustische Bild der Orgel in Perg in seinem inneren Klangarchiv gespeichert hat, nicht an Bruckner heranreichen. Dafür übertrifft er ihn mit Sicherheit auf handwerklich-technischer Ebene, die Bruckner – wie Adlberger sicher ist – weniger gekümmert hat als der Klang – der zu Bruckners Zeit noch ganz jenem romantischen Ideal entsprochen hat, das im Orgelbau seit Kurzem wieder en vogue ist: warm, harmonisch und rund.

### Anton Bruckner zum Nachhören

## „Perger" Präludium für Harmonium in C-Dur,
WAB 129

Nichts spricht dagegen, der Linzer Tages-Post Glauben zu schenken, die den aus Schwertberg stammenden Lederermeister, Lederhändler und Kommunalpolitiker Josef Diernhofer alias Dirnhofer alias Dürnhofer als „ausgezeichneten Musiker und guten Komponist" bezeichnet. Der in Perg lebende Amateurorganist und -flötist geht als Gründer des Hausorchesters der Liedertafel Perg in die Geschichte ein. Auch in die Musikgeschichte, denn Bruckner widmet ihm das sogenannte *Perger Präludium* – auf entsprechende Bitte Diernhofers, der sich auf einer gemeinsamen Bayreuth-Reise 1884 ein Bruckner-Werk für sein Pedalharmonium wünscht. Bruckner schreibt es neben der Arbeit an der *Achten Sinfonie*, aus der er auch etwas in das Orgelstück für seinen Perger Freund einfließen lässt.

*„Perger" Präludium für Harmonium in C-Dur*, WAB 129
Gerd Schaller

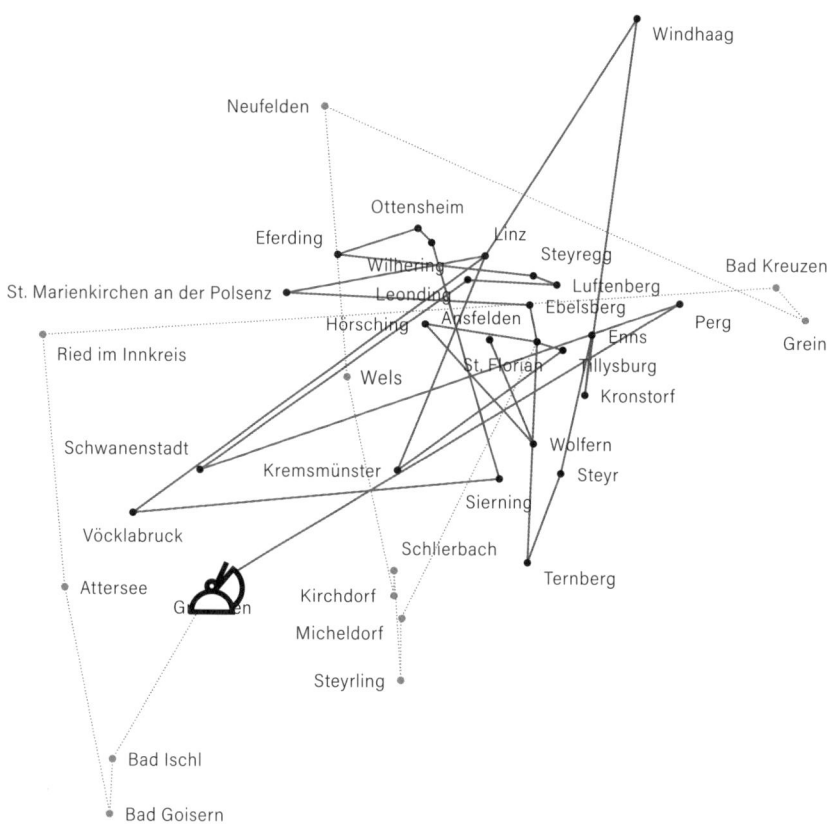

4810
# Gmunden
Gmuntn bzw. **Gmundn**
47° 55′ N, 13° 48′ O

## Am Salzamt

Stünden nicht etliche der ansehnlichen alten Gmundner Bürger-, Handwerker- und Amtshäuser dazwischen und gleichsam im Weg, bedürfte es keiner außergewöhnlichen Muskelkraft, um einen Stein per Wurf vom Rinnholzplatz in die Theatergasse zu befördern (oder umgekehrt).

Die Gasse und der Platz sind, man ahnt es schon, nicht nur kleinstädtebaulich, sondern auch in Sachen Anton Bruckner verbunden: Am Rinnholzplatz verlebt der Musikwissenschafter und Bruckner-Forscher Franz Grasberger (1915–1981) seine Kinder- und Jugendjahre, während die seinerzeit in der Theatergasse Nummer vier bestehende Wirtschaft Zur Sonne laut Gedenktafel einen Übernachtungsgast namens Anton Bruckner beherbergt hat. Wann genau und wie oft dies der Fall war, bleibt unbekannt, da es auch Franz Grasberger offensichtlich nicht gelungen ist, Licht ins diesbezügliche biografische Dunkel zu bringen.

So vermag niemand zu sagen, ob Bruckner in Gmunden bloß auf Durchreise gewesen ist, sich eine Auszeit genommen oder das Orgelspiel des angesehenen Stadtpfarrorganisten Johann Evangelist

Habert – wie Adalbert Stifter in Oberplan geboren – zu Gemüte geführt hat. Außerdem kreuzt Bruckners Lebensspur in Gmunden auch jene des unsteten Kirchenmusikers und Komponisten Robert Johann Nepomuk Führer (siehe Ried im Innkreis und Ternberg).

Wie die Umstände von Bruckners Aufenthalt bleibt auch im Dunkeln, ob sich die zahlenmäßig kleine Hautevolee der See-, Kultur-, Festspiel-, Keramik-, Alpen-, Schul-, Sommerfrische-, Molkerei- sowie Fernsehserienschauplatzstadt bereits im neunzehnten Jahrhundert durch ihr hochentwickeltes Selbstwertgefühl auszeichnet, das den Bewohnern der Nachbargemeinden bisweilen regelrecht dünkelhaft erscheint. Anzunehmen ist es; nicht zuletzt, weil schon Kaiserin Maria Theresia das Gmundner Salzamt 1745 zum Salzoberamt und damit hierarchisch über die Verweserämter unter anderem von Bad Ischl erhebt.

Beschreitet man heute die am Traunseeufer entlangführende Esplanade sowie die vielerorts leerstandsgeplagte Altstadt oder nimmt man in einem der Gmundner Kaffeehäuser beziehungsweise den örtlichen Konditoreien Platz, fällt es schwerer als anderswo, sich den notorisch verschwitzten, bäuerlich anmutenden Bruckner in knöchelfreien Hosen und mit halb aufgeknöpftem Hemd hier vorzustellen – was aber auch für die Luxushotels Vier Jahreszeiten und Adlon gilt, in denen Bruckner in München und Berlin absteigt.

Eine in ihrer bösartigen Bissigkeit de facto klagsreife Beschreibung der Deutschen Zeitung stellt Bruckner als „leuchtendes Zeichen siegreichen Triumphes über jegliche Fleischtheuerung" dar und prophezeit, jeder Passant werde „nachdem er sich unwillkürlich an eine zweibeinige Riesenbirne erinnert hat, kaum zweifeln, einen incognito reisenden Kloster-Kellermeister vor sich zu sehen."

Auch angesichts eines Porträts wie diesem ist man umso eher geneigt, sich Bruckner in Gmunden ähnlich wie im ersten Gemeindebezirk von Wien wie einen ästhetischen Outlaw vorzustellen, den die modischen Konventionen seiner Zeitgenossen nicht kümmern.

Was Bruckner im Gegensatz dazu ernsthaft bekümmert, sind die oft eingebildeten, teils aber auch handfest realen Kränkungen, die er als Komponist einstecken muss. Einem süffisanten alten Wort nach ist die Klage des Kaufmanns Lied, das jedoch auch ein Bruckner versiert zu singen weiß. 1876 breitet er seinen Lebenslauf in einem Schreiben an seinen Kollegen, den Wagner-Lobbyisten Wilhelm Tappert aus und fügt dem Schreiben eine „Privatnotiz" als Notabene an: „Und so lebe ich seit 1868 in Wien lebhaft bedauernd je hierher übersiedelt zu sein, da mir Unterstützung, Anerkennung und Existenzmittel mangeln. Wegen meiner Thätigkeit an der Universität, als unentgeltlicher Lector für Harmonielehre und Contrapunct ist D'Hanslick mir ein böser Gegner geworden."

Die Attacken seines schärfsten Kritikers Eduard Hanslick setzen Bruckner so zu, dass er noch zehn Jahre später keinen sehnlicheren Wunsch als Frieden hat: Als ihm der Kaiser 1886 das Ritterkreuz des Franz-Joseph-Ordens verleiht und fragt, ob er etwas für Bruckner tun könne, ersucht der Geehrte treuherzig darum, Hanslick mundtot zu machen. Durch und durch Realist erwidert der Monarch, dass auch er in diesem Fall nichts tun könne.

Hätte Bruckner seine Bitte an einer ihm weniger wohlgesonnenen Stelle vorgebracht, hätte man ihm vielleicht zynisch beschieden, er möge sich doch am Salzamt beschweren – das Kaiser Franz Joseph vermutlich zu einigem Gmundner Leidwesen 1850 auflösen und in die k. k. Salinen- und Forstdirektion umwandeln hat lassen.

> „Er ist der Brahms –
> allen Respekt!
> Ich bin der Bruckner;
> meine Sachen sind
> mir lieber."

Bruckner zugeschrieben

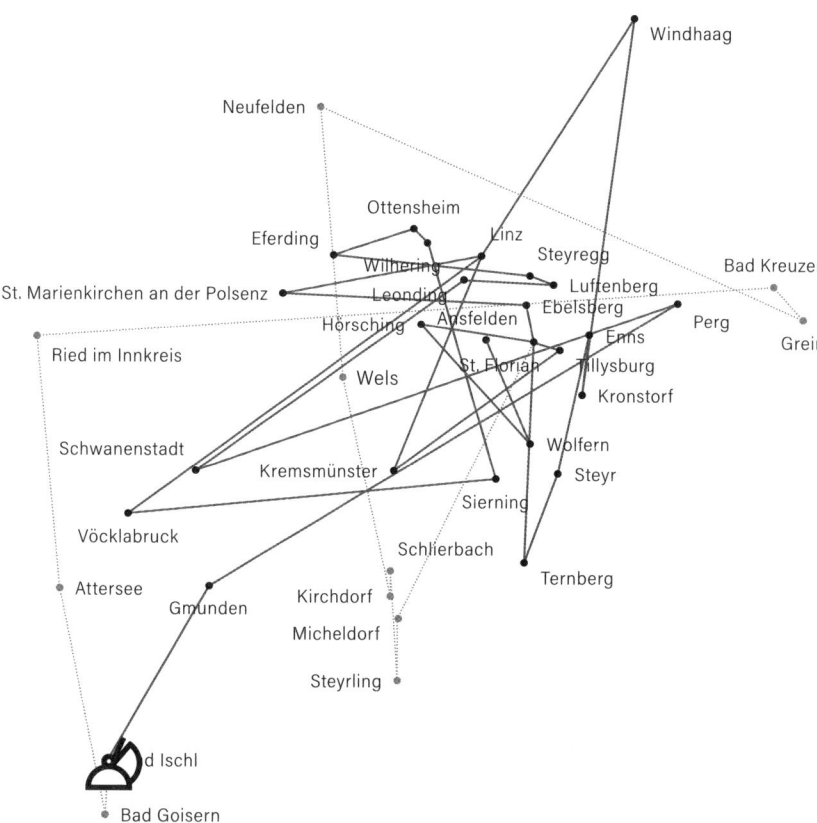

4820
## Bad Ischl
Bådischl
47° 43′ N, 13° 38′ O

# Aus dem Gästebuch

Mit dem Lichtbratlmontag und Kaiser Franz Josephs Geburtstag am achtzehnten August hat Bad Ischl über den sechsundzwanzigsten Oktober hinaus zwei zusätzliche Nationalfeiertage. Kaisers Geburtstag ist vermutlich auch deshalb ein solcher geworden, weil er Jahrzehnte lang das Ende der Sommerfrische – und auffällig oft auch das des heißen Hochsommers – eingeläutet hat. Daher ist die Luft häufig schon kühler, wenn die Sommerfrischler aus den Städten ihren Hausstand wieder an ihre Hauptwohnsitze verlegen. Und die nachsommerliche Kleinstadt wieder ihren Dauerbewohnern überlassen, die den „Weanan" in Hassliebe verbunden gewesen und dies bis heute mehr oder weniger geblieben sind.

Dies lässt sich gerade auch an Kaisers Geburtstag beobachten, der tourismuswirtschaftlich in *Kaisertage* eingebunden ist, während derer emsig Kapital aus der Vergangenheit geschlagen wird. Was den Underground der Operettenfestspielstadt schon einmal dazu animiert hat, Aufkleber mit Franz Joseph und Sisi als Zombies in Umlauf zu bringen.

Bei böswilliger Betrachtung mutet auch jenes Schauspiel leicht zombiesk an, das sich am achtzehnten August bietet, wenn die Türen der Pfarrkirche Sankt Nikolaus nach Erteilung des Segens am Ende der Kaisermesse aufgehen, für die ein Geistlicher und Musiker von auswärts sowie ein Impersonator des Kaisers aufgeboten werden: Dann beginnt das Schaulaufen der Wiener, die in nachgeschneiderten k. u. k. Uniformen beziehungsweise im Sisi-Look zumeist bei Kaiserwetter auf die Kaiser-Franz-Josef-Straße hinaustreten, um sich von den halb belustigten, halb beeindruckten Einheimischen bestaunen zu lassen, während aus dem Kirchenschiff noch das letzte Orgelbrausen ertönt.

Dass dieses in den Sommern der späten 1860er-Jahre und danach von Anton Bruckner in seiner Eigenschaft als Hoforganist erzeugt wurde, ist, von der verklärenden Erinnerung an die Habsburger überstrahlt, ein Stück weit in Vergessenheit geraten, wiewohl die Orgel zu Sankt Nikolaus durchaus als Bruckner-Orgel geläufig ist.

Ihren Ruf verdankt sie sicherlich auch Bruckners Darbietung am einunddreißigsten Juli 1890, als er anlässlich der Hochzeit der Erzherzogin Marie Valerie mit Erzherzog Franz Salvator groß aufspielt und das von ihm sehr geschätzte Kaiserlied *Gott erhalte, Gott beschütze* in einer Improvisation mit Händels *Halleluja* kombiniert. Der Kaiser selbst ist davon so angetan, dass Bruckner zum anschließenden Diner im Hotel Post eingeladen wird, in dem Jahrzehnte später der Bluesmusiker und *White King of Black Blues* Alois Koch vulgo Al Cook geboren werden wird. Außerdem wird Bruckner mit einer kaiserlichen Remuneration von hundert Gulden – nach heutigem Wert über eintausendsiebenhundertfünfzig Euro – bedacht.

Damals wie heute zieht es viele der Kaisermessebesucher ins Konditorei- und Grand Café Zauner, wo sich Bruckner dereinst ins Gästebuch eingetragen haben soll. Wovon weder Geschäftsführer Philipp Zauner noch sein Vater Seniorchef Josef Zauner Kenntnis haben, da Gästebücher bei Zauner erst seit 1950 geführt werden.

Aktuell liegen die mit der Nummer sechs und sieben in der Pfarrgasse und an der Esplanade auf, und nur den allerwenigsten Kaisermessfeiernden wird die Ehre zuteil, sich darin eintragen zu dürfen. Minister etwa werden angesichts ihrer aktuellen Halbwertszeit von ein bis zwei Jahren und weniger gar nicht mehr dazu eingeladen; der VIP-Standard liegt vielmehr bei Namen wie Karl Lagerfeld und „Sisi"-Ikone Romy Schneider. Wer etwa das 1970 begonnene Exemplar durchblättern darf, stößt gleich im vorderen Teil auf den Eintrag von Friedrich Torberg und ein Art-Brut-artiges Bic-Kugelschreiber-Selbstporträt von Udo Proksch.

Dass Bruckner nicht bei Zauner zu Gast gewesen soll, ist trotz Gästebucheintrag-Mangels kaum vorstellbar; seine Aufenthalte im heute noch die Atmosphäre des neunzehnten Jahrhunderts verströmenden Weinhaus Attwenger an der Traun sind fix verbürgt: 1854 gelangt Bruckners Lehrerbildungsanstalts- beziehungsweise Präparandiekollege Johann Nepomuk Attwenger in dessen Besitz. Von 1863 bis 1890 wird Bruckner hier mit seinen Leibspeisen inklusive Linzer Torte verwöhnt, und man kann sicher sein, dass Bruckners in Ischl lebender Schüler Josef Vockner, der als Einziger das zwölfjährige Komplettprogramm bei seinem Lehrer durchläuft und ihm am Konservatorium als Orgelprofessor nachfolgt, öfter mit am Tisch sitzt.

An Bruckners Präsenz erinnert eine steinerne Tafel, für die der Bruckner-Bund gesorgt hat. Von diesem hat es in der Salzkammergutzeitung selig einmal in unnachahmlichem Tonfall geheißen: „Zähes Ringen um die Pflege und die Förderung heimischer Kulturwerte zeichnet den Bruckner-Bund aus, der als verschworene Gemeinschaft dem Musikleben einen besonderen Akzent verleiht und sein Ansehen nicht zuletzt auch auf der mutigen Überwindung mancherlei Schwierigkeiten begründet. Es darf hier keinesfalls übersehen werden, dass die ständig zunehmende Gleichgültigkeit und Passivität weiter Bevölkerungskreise in Sachen Kunst dieses Wirken gewissermaßen zu einem wagemutigen Unternehmen stempelt."

„Eure Kaiserliche und Königliche Apostolische Majestät! Der allerunterthänigst Gefertigte, dem vor einigen Jahren das hohe Glück zu Theil ward, die auszeichnende allerhöchste Erlaubniß zu erhalten, nach Vollendung seiner achten Sinfonie eine allerunterthänigste Bitte am Allerhöchsten Throne zu Höchstdessen Füßen unterbreiten zu dürfen, ermutigt sich in tiefster Ehrfurcht zu bitten, die allerunterthänigste Dedication auf das Titelblatt der Partitur setzen zu dürfen."

Nach Fertigstellung der *Achten Sinfonie* an Kaiser Franz Joseph

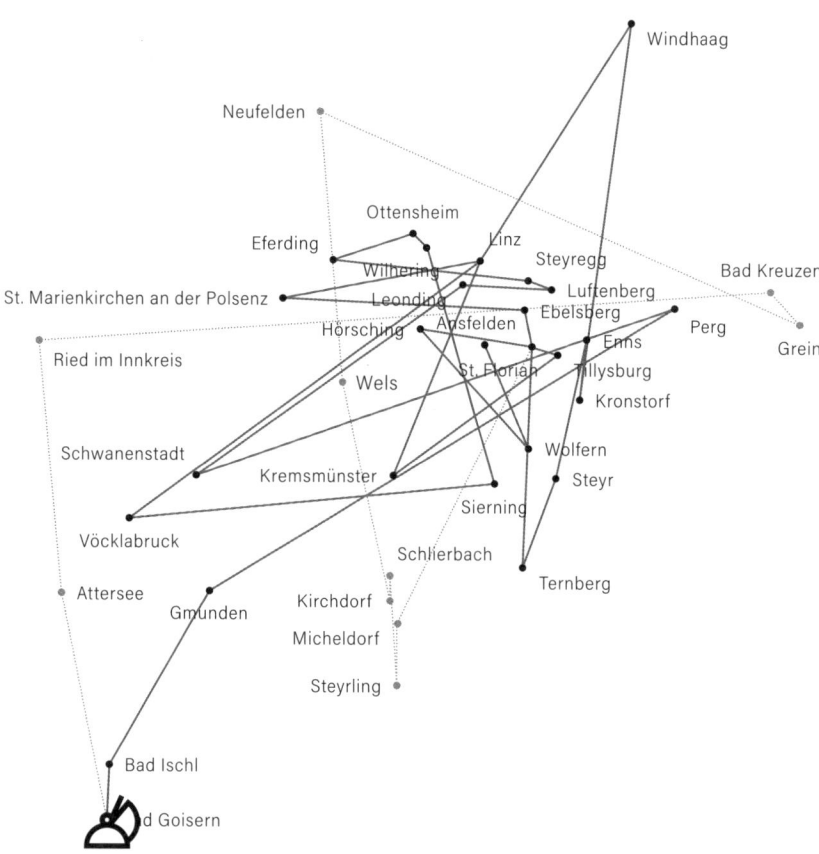

4822
## **Bad Goisern**
Bågoisan
47° 39′ N, 13° 37′ O

# Der Gipfel

Jimi Hendrix hat seine Fender Stratocaster in Brand gesteckt, Pete Townshend mehrere Gibson-SG-Gitarren am Ende von Konzerten der Who zerschmettert, was ihm Kurt Cobain von Nirvana zum Nachteil einer Fender Mustang – oder war es eine Jaguar – gleich getan hat, während Anton Bruckner schon lange vor ihnen in schöner Regelmäßigkeit die Orgel in der katholischen der beiden Ortskirchen des Jodschwefelbadeortes Goisern durch exzessives Spiel kaputt gerockt hat. Im Beisein des kleinen Franz Perfahl, der für den namhaften Gast aus Linz beziehungsweise Wien die Orgel aufzieht und später als beamteter Mitarbeiter der Justiz festhält: „Bruckner bearbeitete die Orgel derartig, dass sie nach jedesmaligem Spiele, das oft längere Zeit dauerte, ganz und gar den Dienst versagte und immer wieder repariert werden musste."

Warum Bruckner die Orgel zwischen 1863 und 1880 Jahr für Jahr wieder hart rannehmen und erhebliche Wartungskosten verursachen darf, ohne rechtzeitig daran gehindert zu werden, ist nur mit einer engen Freundschaft erklärbar: Der örtliche Gotteshaushausorganist und Schulmeister Franz Xaver Perfahl – der Vater des kleinen Orgelaufziehers – kennt Bruckner von klein auf. Als frischgebackener Hilfslehrer ist er seinerzeit nach Ansfelden gekommen, um Bruckners Vater Anton senior zu assistieren und Anton junior ersten Geigenunterricht zu erteilen. Da es von Bad Ischl aus nicht weit ist, sehen sich Perfahl und Bruckner in den salzkammerguten Sommerfrischesommern nun wieder regelmäßig.

Ob die Orgel der evangelischen Kirche damals belastbarer als ihr katholisches Pendant ist oder ob sich Bruckner dort in seiner Vehemenz zurückhält, ist nicht zu sagen; Gastgeber Perfahl macht Bruckner jedenfalls über die bereits einigermaßen durchlässige Konfessionsgrenze hinweg mit dem gemeinsamen, wenn auch evangelischen Organisten- und Schulmeisterkollegen Johann Georg Ernst Fettinger bekannt und seinem Gast damit den Weg auch an den lutherischen Orgeltisch frei.

Fettinger wird Teil von Bruckners Freundeskreis, in dem Perfahl dennoch das Goiserer Epizentrum bleibt: An vielen Nachmittagen nehmen Bruckner und Perfahl Kaffee und Gugelhupf bei Frau Klackl ein, deren Gastwirtschaft Goiserer Mühle in der heutigen Kurparkstraße neun inzwischen ein „Wohlfühlhotel" ist.

An anderen Tagen fliegt Bruckner mit Perfahl oder seinem Ischler Schüler Vockner aus: an den nahen Hallstätter See und den namensgebenden Ort oder hinauf in die Gosau, wo es ebenfalls an den See und auf die Zwieselalm geht. Bei einer Übernachtung in der Gosauschmiede geraten Bruckner und Vockner in eine pulsbeschleunigende Situation, als sie dort „schwarze Gesellen" – Wilderer – antreffen.

Mehrmals kommt Bruckner dem Gosaugletscher und dem Gosaukamm zum Greifen nahe, was eine ganz spezielle Saite in ihm schwingen lässt: Seine lebenslange Begeisterung für hohe Bauwerke, schroff zerklüfteten Fels und das vermeintlich ewige Eis der Gletscher und nördlichen Polarregion.

Gebannt verfolgt Bruckner die an Dramatik kaum zu überbietende Österreichisch-Ungarische Nordpolarexpedition unter der Leitung der Offiziere Carl Weyprecht und Julius Payer, in deren Zuge Franz-Josefs-Land offiziell entdeckt wird und die Mannschaft zwei Winter auf dem festgefrorenen Expeditionsschiff Tegethoff ausharrt, ehe sie sich 1874 unter Aufbietung unvorstellbarer Willenskraft selbst rettet und nach Wien heimkehrt. Unter der Viertelmillion Jubelnder am Wiener Nordbahnhof ist auch Anton Bruckner, der sich für eine allfällige weitere Nordpolfahrt vormerken lässt. Bruckners angeblich lediglich vierbändige Bibliothek besteht zu einem Viertel aus Payers Expeditionsbericht.

Um Westeuropas höchsten Berg mit eigenen Augen zu sehen, reist Bruckner 1880 via Oberammergau, Zürich und Genf nach Chamonix, wo er nach einem verregneten Erstversuch am zweiten September ein zweites Mal zum Berggasthaus Croix de la Fléchère aufsteigt, um am folgenden Morgen im Anblick der Eisformationen und Felsnadeln des Mont Blanc und der ihn umgebenden Berggruppe zu schwelgen.

Ein tragikomisches Ende nimmt seine Fahrt zum Großglockner, die er sich, ganz das große Kind, das in ihm steckt, auf der Rückreise von der Trauerfeier für Franz Liszt in Bayreuth in den Kopf setzt: Nachdem er seinen Begleiter August Stradal nach dem Ort mit dem schönsten Großglocknerblick befragt und Zell am See empfohlen bekommt, erwirbt er in München stante pede ein Ticket für den Nachtzug. Als er diesem um vier Uhr morgens entsteigt, wird er vom Bahnhofsvorsteher nüchtern davon in Kenntnis gesetzt, dass sein Informant den von Zell aus nicht sichtbaren Großglockner mit dem Kitzsteinhorn verwechselt haben muss. Bruckner reagiert seine maßlose Enttäuschung daheim in Wien ab, wo er seinen ehemaligen Schüler und Liszts vormaligen Privatsekretär als „berühmten Alpinisten" verunglimpft. Der Gegenstand von Bruckners letzter vertikaler Obsession ist schließlich kein Berg mehr, sondern eine Kirche. Österreichs höchste: der Stephansdom.

## „Selbst die Conservativen applaudierten heftig."

Bruckner über eine Bruckner-Aufführung

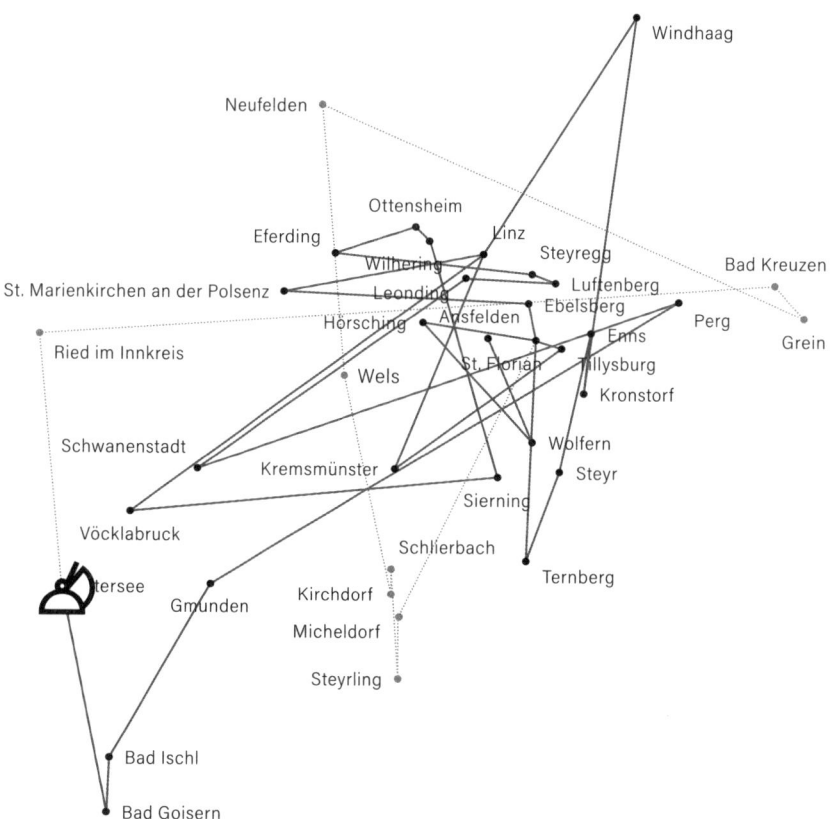

4864
# **Attersee**
**Attasee**
47° 55′ N, 13° 32′ O

## Seensucht

In und am Attersee wissen die Menschen, was sie an der Landschaft haben, auch wenn die Lust am Kultur- und Naturerbe ein wenig durch einige Erblast getrübt ist. Zum Kulturerbe gehört der Stolz auf die namhaften Sommergäste aus einer Vergangenheit, in die sich manche am See heimlich ein Stück weit wieder zurücksehnen. Vor allem die beiden Gustavs – Klimt und Mahler – sind Teil der mentalen Attersee-Folklore. Mahler, der sich als Dirigent sehr für die Arbeit Bruckners einsetzt, ist in Bruckners letzten drei Lebensjahren sommersaisonal am See zu Gast. Er verbringt viel Zeit in seinem Steinbacher Komponierhäuschen, in dem er seinem landschaftsbewundernden Dirigentenkollegen Bruno Walter die berühmte Mitteilung macht, Walter brauche sich gar nicht umzusehen, er – Mahler – habe das alles schon wegkomponiert.

Dass der in seiner Schwimmleidenschaft Bruckner ähnelnde Mahler landschaftsklangmalerisch noch aus dem Vollen schöpfen kann, hat er auf gewisse Weise Bruckner zu danken. Der nämlich hält sich noch nicht wochen- oder monatelang an den Ufern des türkisblauen Gewässers auf. Stattdessen beschränkt er sich auf Kurzbesuche, mutmaßlich vom einigermaßen nahen Vöcklabruck aus. Wer weiß, ob sich Bruckner als länger abgestiegener Gast nicht schon lange vor Mahler inspirativ am Panorama bedient hätte und Mahler nichts übriggelassen hätte?

Einer der Bruckner-Besuche ist durch einen schlichten Eintrag im Gästebuch des alten Hagerbräu am Landungsplatz der Ortschaft Attersee verbürgt: „Anton Bruckner, Linz 18. Juli [1]864". Die Beschränkung auf den bloßen Namen und das Datum verschweigt, dass sich der Unterzeichnende für Katharina Hager, die Tochter des Hauses begeistert, mit der er – wir ahnen es schon – vierhändig Klavier spielt.

Das gastliche Haus gibt es noch immer, doch anders als damals ist es heute kein öffentlich zugänglicher Beherbergungsbetrieb mehr. Sondern ein Privathaus, in dem – so erzählt es Bürgermeister Rudi Hemetsberger – die Zeit stehen geblieben ist. Darin lebt in der erhaltenen Originaleinrichtung eine Nachfahrin von Bruckners Gastgebern Anton und Rosina Hager. Sie hütet das Gästebuch, das es schon zu Fernsehehren gebracht hat.

Das Bier, mit dem der musikalische Gast aus Vöcklabruck beziehungsweise Linz 1864 mit Familie Hager anstößt, stammt aus dem Nebengebäude, das heute einer Pizzeria Platz bietet.

Damals ist das Sudhaus einer von mehreren Betrieben Hagers, der im dazumal winzigen Ort mit nur wenig mehr als zweihundert Einwohnern auch eine Meierei und eine Fleischerei betreibt.

Einen weiteren Teil des kleinen Imperiums von Anton Hager, der obendrein Bürgermeister und damit ein Amtsvorvorgänger von Rudi Hemetsberger ist, stellt das 1945 von einem Brand zerstörte

Hotel Attersee dar. Dieses und sein weitsichtiger Besitzer tragen das Ihre zur steigenden touristischen Popularität von Attersee bei, mit der Rudi Hemetsberger grundsätzlich kein Problem hat.

Das grundsätzliche Problem von Attersee besteht vielmehr im wesentlichsten Unterschied zwischen Bruckner- und Jetztzeit: Seinerzeit mietet man sich ein Sommerdomizil, wohingegen man heute danach trachtet, ein solches zu besitzen. Was im Lauf von Jahrzehnten des Wachstums und des Wohlstandes dazu geführt hat, dass den rund tausendsechshundert Dauerbewohnern von Attersee fast genauso viele Zweitwohnsitznutzer gegenüberstehen. Mit der fatalen Konsequenz einer nur in der zweiten Juli- und ersten Augusthälfte einigermaßen vollzähligen Ortsbevölkerung. Die anderen elf Monate im Jahr sind an mehr als der Hälfte der Häuser die Rollläden heruntergelassen. Das vierwöchige High Life konterkariert die Tristesse eines halb verwaisten Ortes, in dem sich kein Nahversorger halten kann, da die Shopping-Infrastrukturen in den Speckgürteln von Sankt Georgen und Vöcklabruck die Kaufkraft aus dem Ort saugen. Und während rund um den See zahlreiche Geschäftslokale und öffentliche Gebäude leer stehen und kaum in Nutzung zu bringen sind, haben die Grundstückspreise Höhen von bis zu elftausend Euro für den Quadratmeter Seegrund erklommen. Dementsprechend groß ist der Druck von Investoren auf die Kommunalpolitik: Auf der großen Attersee-Ortskarte hinter Hemetsbergers Büro im sympathisch abgewohnten Gemeindeamt sind die Umwidmungsbegehrlichkeiten als schwarze Punkte auf den Parzellen vermerkt. In einer Zahl, die einem Marienkäfer zur Ehre gereichen würde.

Rudi Hemetsberger und seine Amtskollegen rund um den See sind dennoch zu einer Trendwende entschlossen. Auch wenn sie noch Jahre beharrlicher politischer und administrativer Kleinarbeit erfordern wird. Wer sich dabei ein Liedchen pfeifen wollte, könnte es nach den Noten des alten *Attergauliedes* von Pfarrer Franz Xaver Blasl tun. Er hat dafür einen Text der regional populären Mundartdichterin Elisabeth Anna Vogl vertont, die in einer anderen ihrer Reimereien Bruckners Besuch am Attersee noch lange in Erinnerung gehalten hat.

„I glaub, wenn da Beethoven lebat und
i gingat zu ihm und zoagat ihm mei'
letzte Symphonie und sagt zu ihm: ‚Net
wahr, Herr von Beethoven, sie is net
so schlecht, wia s' die g'wissen Herren
machen wollen, die mi an Noarrn um
an anderen hoaßn', da glaub' i möcht
mi da Beethoven bei der Hand nemma
und sagen: ‚Mei liaba Bruckner, machen
S' Ihna nix draus, mir is aa net bessa
ganga und meine letzten Quartett'
verstengan die g'wissen Herren, die mi
allaweil als Trumpf gegen Ihna ausspüln,
im Grund heit no ned, wenn s' aa all so
tuan, als ob sie s verstündaten.' I sogat
dann no zu eahm: ‚Sie entschuldigen
scho', Herr von Beethoven, daß i über
Ihna außiganga bin, aber i moan
halt, a echta Künstler kann si aa
a eigene Form für sei Werk zrecht
machen und dann danach richten."**

In hochgradiger Erregung nach dem Besuch einer
Beethoven-Aufführung auf dem Weg ins Gasthaus Gause –
laut Überlieferung von Friedrich Klose

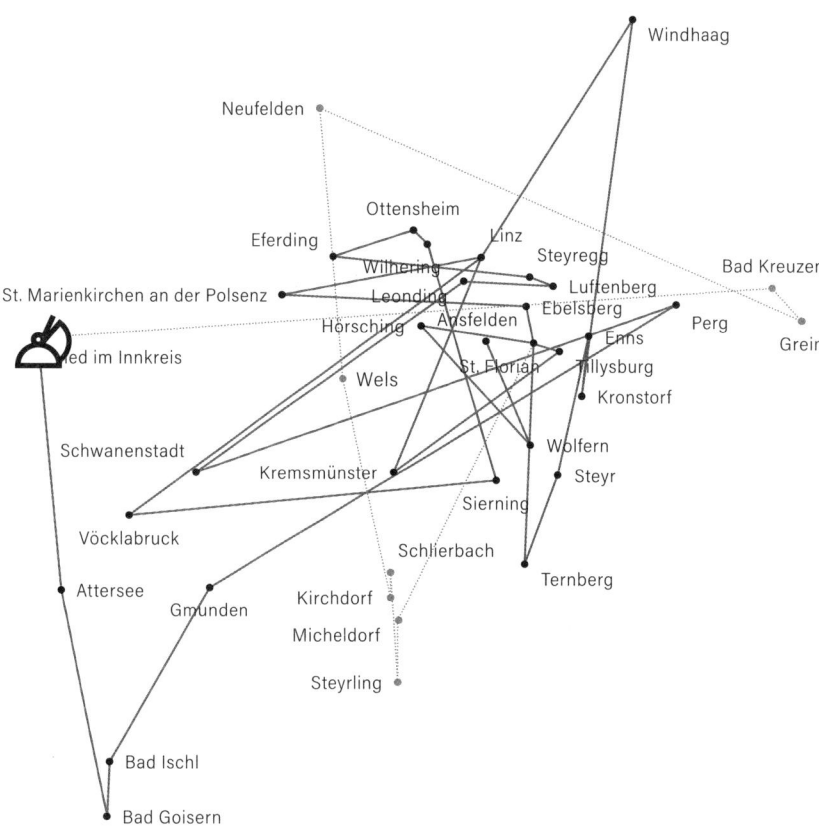

4910
## Ried im Innkreis
Riiad
48° 13′ N, 13° 29′ O

# Auf Zug

Ried ist ein Bruckner-Ort wie kein anderer. Denn Bruckner ist wohl nie hier gewesen, sondern lediglich durchgereist. Dafür aber wird in der schmucken Bezirksstadt zum ersten Mal eine Komposition von Bruckner gedruckt: Der *Germanenzug*, in dem ein wenig von Bruckners opportunistischem Persönlichkeitsanteil steckt.

Ursprünglich trägt die zum Preisausschreiben für das Oberösterreichische Sängerfest eingereichte Arbeit nämlich den weniger strammen Titel *Zigeunerwaldlied*, mit dem man sich bei Bruckners Liedertafel „Frohsinn" kaum Chancen auf einen Jury- und Publikumserfolg ausrechnet. Daher greift Bruckner auf ein Gedicht des jüdisch-deutschnationalen Schriftstellers August Silberstein zurück, in dem es etwa heißt: „Germanen durchschreiten des Urwalds Nacht, sie ziehen zum Kampf, zu heil'ger Schlacht." In einem Dankschreiben an Silberstein bezeichnet es Bruckner als „über alle Maßen gelungenes, prachtvolles ausgezeichnetes Gedicht."

Das Kalkül geht fast auf, denn nach der *Germanenzug*-Darbietung des „Frohsinn" beim großen Chorwettstreit am dritten Juni 1865 in Linz schaut für Bruckner und die Liedertafel immerhin der zweite

Platz heraus. Für den ehrgeizigen Bruckner eine herbe Niederlage, zumal der erste Platz ausgerechnet an seinen Freund Rudolf Weinwurm und dessen Komposition *Germania* geht.

Das Wertungsergebnis ändert nichts daran, dass der liberale Rieder Politiker, Druckereibesitzer, Musikalien- und Zeitungsverleger Josef Leopold Kränzl zu seinem Wort steht und die besten acht der hundertzwanzig Einreichungen zum Sängerwettbewerb druckt. Aus reinem Idealismus, denn vor allem der *Germanenzug* entpuppt sich als veritabler Ladenhüter.

Kränzl, der vor allem die Kirchenmusiken von Bruckners mehrmaligem Orgelwettspielgegner Robert Johann Nepomuk Führer herausbringt (siehe auch Gmunden und Garsten im Kapitel zu Ternberg) und jahrelang treibende Kraft der Rieder Liedertafel ist, wird eine weitere Zusammenarbeit mit Bruckner wohl auch durch eine kleine Auseinandersetzung mit dem Tonsetzer verleidet. Denn Bruckner gefährdet durch die verspätete Abgabe seiner Korrekturen an den Druckfahnen den Zeitplan und reagiert brieflich einigermaßen patzig auf einen entsprechenden Hinweis seines ersten Musikverlegers.

Trotz seiner schwachen Verkaufszahlen mäandert der *Germanenzug* dennoch weiter durch Bruckners Leben: 1876 feiert der Akademische Gesangsverein Bruckners Bestellung zum Universitätslektor mit einer „Sommerliedertafel" im Wiener Volksgarten, bei der auch der *Germanenzug* gesungen wird. 1892 wird das Stück im Verlag Robitschek in Wien neu veröffentlicht und 1896 auf dem vorletzten Weg des toten Bruckner zum Wiener Westbahnhof gespielt.

Am Inn werden bald darauf die Weichen für weniger germanische Züge gestellt: Sechzehn Jahre nach Bruckners Tod wird 1912 die Sportvereinigung Ried gegründet. 1919 tritt der Klub allerdings – indirekt und ungewollt auf Bruckner, Silberstein, Kränzl und den *Germanenzug* rekurrierend – kurzzeitig als „Germania Ried I" auf. Nach Jahrzehnten in den untersten Spielklassen etabliert sich die SVR in den 1970er-Jahren als Landesligist mit beachtlichem Anhang und einem ersten Fanklub. 1995 geschieht dann das Fußballwunder von Ried, bei dem der Klub in die Bundesliga und damit in die höchste Spielklasse aufsteigt.

Es ist die Zeit ausverkaufter Heimspiele und triumphaler Auswärtsfahrten. Immer mit dabei: Der von Renate und Geri Lackerbauer mitinitiierte große Fanclub Schwarz-Grün, der die Spieler wie eine große Familie unterstützt. Mit familiengerechten Umgangsformen, in denen das Anpöbeln der sportlichen Gegner, ihrer Fans und der Schiedsrichter tabu ist. Auch für Deutschtümelei ist kein Platz, denn in Ried ist eine Fan- und Vereinskultur im Zeichen der Wikinger entstanden – ausgehend von einem Stammtisch rund um den Fußballer und Fahrradmechaniker Michael Angerschmied, an dem man aus Spaß an der Freude auch außerhalb der Faschingssaison Wikingerhelme trägt.

Auf ihren Wikingerzügen im Bus, im Bahnwaggon und einmal sogar auf dem Schiff nach Linz dürfen die von der 2008 tragisch verstorbenen Fanmutter Renate Lackerbauer zusammengehaltenen Supporter 1998 und 2011 zwei gewonnene Cup-Finali und einige spektakuläre Erfolge auf europäischer Bühne bejubeln. Dass sich vor den freundlichen Rieder Fans niemand fürchtet, wurmt allerdings eine Handvoll – wie es im Fußballjargon heißt – „erlebnisorientierter" junger Männer, die mit den Supras und den Glory Boys zwei Fangruppierungen auf höherem Testosteronniveau gründen.

Geri Lackerbauer, als ehemaliger Sportlehrer mit achtzig Jahren noch fitter als so mancher Supra oder Glory Boy, kann darüber nur mild und gütig schmunzeln. Dass seine SV Ried wieder einmal in die zweithöchste Spielklasse abgestiegen ist, hindert ihn weder am Erwerb einer weiteren Dauerkarte. Noch daran, mit den anderen Wikingern überall dorthin zu ziehen, wo die SV Ried ein Pflichtspiel zu bestreiten hat.

Anton Bruckner zum Nachhören

## „Germanen durchschreiten des Urwaldes Nacht", WAB 70

Der vierstimmige Männerchor mit Männer-Soloquartett und Blechbläsern, der nach Bruckners Wunsch „frisch und kräftig, nicht schleppend, doch nicht zu schnell" aufzuführen ist, beschäftigt seinen Urheber fast übergebührlich. Schon im Sommer 1863 erhält er brieflich August Silbersteins strammen Text und macht sich sogleich an dessen Vertonung – mit Blick auf das 1. Oberösterreichische Sängerbundesfest im Sommer 1864. Dass der *Germanenzug* bei der Uraufführung nicht auf Platz eins landet, sondern eine Podeststufe niedriger auf dem zweiten Rang, kränkt Bruckner tief. In der Zusammenarbeit mit dem Verlag Kränzl zeigt Bruckner Anflüge divenhaften Gehabes; das Thema *Germanenzug* beherrscht seine Korrespondenz ein ganzes Jahr lang.

*„Germanen durchschreiten des Urwaldes Nacht", WAB 70*
Robert Wesleyan College Brass & Chorale Ensemble, Thaddeus Stuart, Robert Shewan

Ried im Innkreis

Bad Kreuzen

4362
# Bad Kreuzen
**Bådgreidsn**
48° 16′ N, 14° 48′ O

## Hossa! Hossa! Fiesta Mexicana!

Im Kopf sind die Abenteuer und der Ort, an dem sich die Dinge über Zeit und Raum hinweg zu Zusammenhängen verbinden können, wenn sie es so wollen. Auf diesem Weg ist es vom Anblick des rätselhaft-poetischen Graffitos „Der Puppenspieler von Mexico" an der zerschrammten, rostrot lackierten Stirnseite eines im Verbund mit anderen ostwärts rollenden Güterwaggons am Bahnhof Lambach eines Sommermorgens 2023 nur ein neuronaler Katzensprung in die Kaltwasser- und Nervenheilanstalt Kreuzen vorvorgestern.

Am achten Mai 1867 nimmt sie auf Anweisung des Linzer Arztes Stefan Fadinger dessen desaströs verfassten Patienten Anton Bruckner auf. Bei seiner Diagnose des Linzer Organisten kann oder will sich Fadinger nicht eindeutig festlegen. Und überlässt seinem Kollegen Kurarzt Maximilian Keyhl die Entscheidung, ob Bruckner nun an einer Neurose, Psychose oder beginnender Demenz laboriert.

Der innerlich zusammengebrochene Bruckner, der seinen Zustand zweifelsohne durch maßlosen Lebenswandel und exzessives Arbeiten selbst mit herbeigeführt hat, leidet über Migräne in Permanenz hinaus an Wahnvorstellungen: von einer heranstürmenden Feuerwalze verschlungen zu werden wie auch die Donau tröpfchenweise ausschöpfen zu müssen.

Bruckner ist so geknickt, dass er in seinem professionellen Selbstbild regrediert und sich den Mitpatienten nicht als Domorganist vorstellt, sondern als Lehrer. Er darf froh sein, nicht auch noch an „mexicanische" Puppenspieler denken zu müssen, denn in Bad Kreuzen erreicht eine weitere seiner Obsessionen ihren Höhepunkt: die Fixierung auf Mexiko.

„Mexiko beschäftigt mich stark", schreibt er seinem Freund Rudolf Weinwurm aus Bad Kreuzen, dem er auch bekennt: „Nur eine kleine Spanne Zeit und ich bin ein Opfer – bin verloren. Dr. Fadinger in Linz kündigte mir den Irrsinn als mögliche Folge schon an." Noch nach seiner Entlassung mit dem Status „geheilt" kommt er Weinwurm gegenüber auf seine Leidenschaft zurück: „Auch während meiner Krankheit war dies das einzige, was mir am Herzen lag: es war Mexiko, Maximilian."

Kaiser Franz Josephs Bruder Erzherzog Maximilian – seine Biografie hat einen Ehrenplatz in Bruckners erwähntermaßen überschaubarer Bibliothek – ist der Protagonist des Mexikofilms, der fast nonstop im kurzgeschorenen Kopf des Patienten läuft. Sicherlich seit Längerem, denn schon drei Jahre zuvor, 1864, hat Maximilian das Angebot von Napoleon III. angenommen und sich die Kaiserkrone von Mexiko aufs Haupt setzen lassen – in der Illusion, die mexikanische Bevölkerung verlange nach ihm. Als Bruckner noch keine sechs Wochen in Kreuzen behandelt wird, löst sich Maximilians mexikanisches Luftschloss ins Nichts auf: Am neunzehnten Juni 1867 wird Maximilian von der republikanischen Armee erschossen. Damit bricht ein weiterer Teil von Bruckners Welt zusammen, der drauf und dran gewesen ist, sich für den Posten des Hoforganisten im mexikanischen Kaiserschloss Chapultepec zu bewerben und Österreich den Rücken zu kehren.

Statt in Chapultepec alle Register zu ziehen, muss Bruckner in Kreuzen ein radikales Kurprogramm gemäß den hier anerkannten Lehren des Kaltwasserkurreformers Vinzenz Prießnitz in der Heilanstalt mit ihren Wellenbädern, Duschen und Badehäuschen in der drei Kilometer langen Wolfsschlucht absolvieren. Brieflich berichtet er: „Ego Anton Bruckner lasse laut Aufschreibung vom 21. Juli 1867 über mich ergehen: Einpackungen (in feuchte Leintücher und Kotzen), Halbbäder, Abwaschungen, Sitzbäder, Abreibungen, Fußbäder, Abklatschungen, Schwitzbäder, Schwimmkurse, Regenbäder, Sturzbäder, Douchebäder, Wellenbäder. Nach jeder Cur muss ich zu den Quellen gehen und trinken."

Im Lauf von drei Monaten bessert sich Bruckners Zustand, wozu der von vier Uhr früh bis neun am Abend durchgetaktete Kuralltag bestimmt das Seine beiträgt. Um einen hohen Preis: Zur Aufbringung der Behandlungs- und Aufenthaltskosten muss Bruckner bei der Gesellschaft für Lebens- und Rentenversicherung Anker einen Kredit von zweihundertfünfzig Gulden aufnehmen.

Wie recht Kurarzt Keyhl daran getan hat, Bruckner jede musikalische Betätigung zu untersagen, zeigt sich, als eines Abends ein aus Böhmen stammendes Ensemble zur Erbauung der Kurgäste aufspielt. Irgendetwas an der Darbietung trifft bei Bruckner ins Schwarze eines Auslösepunkts: Er ergreift die Flucht in die Wolfsschlucht, in die er beim Überqueren einer Baumstammbrücke abstürzt. Unverletzt schafft er es noch, an einem Baum bis in die Krone hinaufzuklettern. Dort wird der schreiende und weinende Abgängige erst nach langer Suche gefunden und mithilfe von Leitern und Seilen geborgen.

Ob Bruckner auch in misslicher vertikaler Lage an Mexiko gedacht hat, bleibt ungewiss. Wie er sich Mexiko vorgestellt hat, ist hingegen zumindest schemenhaft bekannt: wie Österreich, nur weiter weg.

Trotz beginnender kulinarischer Globalisierung mit Kaffee, Tee, Erdäpfeln, Tomaten und Kukuruz hat sich Bruckner mangels Angebot bestimmt auch keinen Begriff von der mexikanischen Küche machen können. Dass es beim Bad Kreuzener Nahversorger Honeder einmal genug Zutaten für ein mexikanisches Essen oder etwas Mexikanisches von der enzyklopädischen Speisekarte der Pizzeria La Vita im nahen Grein geben würde, hätte er sich nicht träumen lassen. Genauso wenig, dass mit der Cabañita in Sankt Georgen an der Gusen oder dem Tula im niederösterreichischen Allhartsberg einmal gleich zwei mexikanische Restaurants nur einen strammen Tagesmarsch von fünfunddreißig Kilometern von Bad Kreuzen entfernt sein würden. Man darf wetten, dass er den Weg sofort auf sich genommen hätte.

**Anton Bruckner zum Nachhören**

## Messe in f-Moll, WAB 28

Eigentlich spielt es keine große Rolle, ob Bruckner die Inspiration zum Kyrie der *Messe in f-Moll* tatsächlich an der 1900 so benannten „Anton Bruckner-Quelle" während seiner Kur in Bad Kreuzen fand oder nicht. Bestimmt geht dem zu dieser Zeit psychisch Zerrütteten die unmittelbar vor Ausbruch der Krise begonnene Messe in Dauerschleife durch den Kopf. Anlass für das Werk ist „die höchst ehrende Einladung und Aufforderung", nach der erfolgreichen Aufführung der *Messe in d-Moll* in der Wiener Hofburgkapelle 1867 „eine zweite Messe für die kk. Hofkapelle zu komponiren". Fest steht, dass er kurz nach der Rückkehr aus dem Mühlviertel mit der Arbeit am Kyrie beginnt – und sich über das ärztliche Verbot jeglicher geistiger Anstrengung hinwegsetzt.

*Messe in f-Moll*, WAB 28
RIAS Kammerchor, Orchestre de Champs-Elysées, Hans-Jörg Mammel, Ingela Bohlin, Alfred Reiter, Joseph Moor, Ingeborg Danz, Philippe Herreweghe

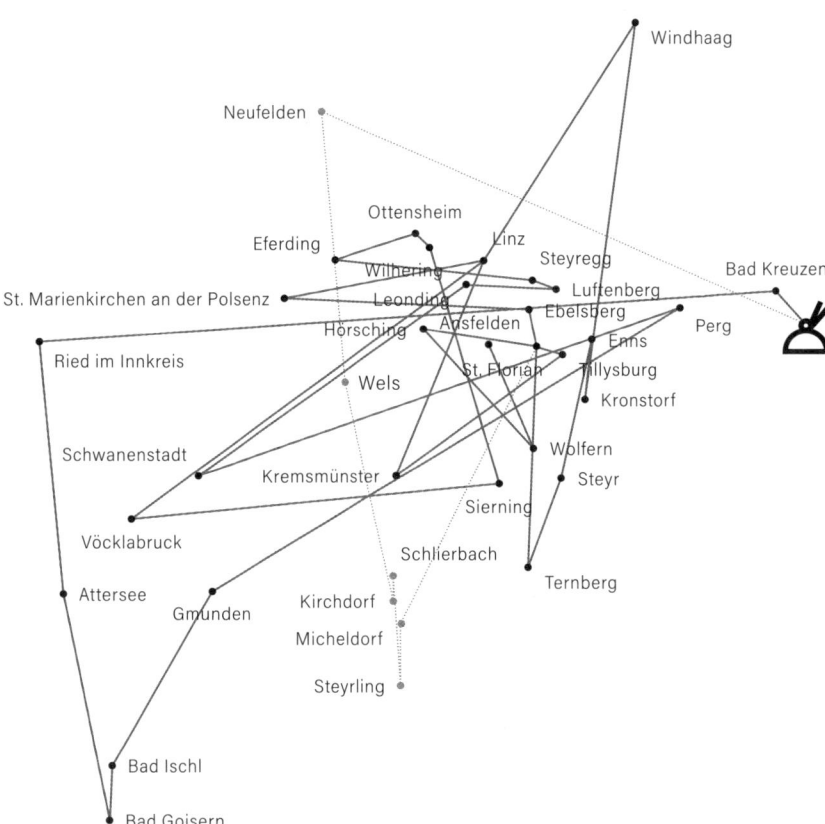

4360
# Grein
Grein
48° 14' N, 14° 51' O

## Große Schwärze

Bei seiner ersten verbürgten Passage durch Grein im Mai 1867 hat Bruckner kein Auge für die Schönheit des wohlhabenden Zweitausend-Einwohner-Donauortes am Beginn des Strudengaus. Schließlich geht die Kutschfahrt zum ersten von zwei Kuraufenthalten in der Heilanstalt in Bad Kreuzen, den der dem Wahnsinn nahe Fahrgast dringend nötig hat. Nach vierteljähriger Behandlung bis achten August 1867 kommt Bruckner im Jahr darauf für einen Monat von August bis September 1868 ohne ärztliche Einweisung aus freien Stücken wieder – wie um sich körperlich und mental für die nahende Übersiedelung nach Wien vorzubereiten.

Verglichen mit seiner Ausgabe im Sommer 1867 ist der Kurgast Bruckner in der Verfassung von 1868 kaum wiederzuerkennen. Weshalb anzunehmen ist, dass er seine gelegentlichen Ausflüge nach Grein beim zweiten Mal intensiver genießen kann als im Jahr zuvor. Was ihn in den pittoresken Markt mit seinen Bürgerhäusern lockt, ist die Sehnsucht eines jeden Kurgastes: jene nach ein wenig Abwechslung und Freiheit.

Das Gefühl von Freiheit genießt Bruckner bestimmt bereits auf dem rund sieben Kilometer langen Fußweg von Kreuzen her;

Abwechslung findet er bei den Proben der Liedertafel Grein, die sich zum Singen im Goldenen Kreuz versammelt. Es fällt schwer zu glauben, dass es gastronomisch bei den Visiten ebendort geblieben sein und Bruckner nicht ins nachmalige Kaffeehaus Blumensträußl gegangen sein soll. Denn obschon es das Koffeinetablissement unter diesem Namen erst 1876 geben wird, besteht dort bereits jenes Gasthaus-Kaffee, aus dem Karl Kern – dessen Ur-Ur-Urenkel das Juwel heute historisch informiert führt – dann das Blumensträußl macht.

Wenn Bruckner dort, wie wir annehmen dürfen, Kaffee getrunken hat, hat er dies bereits unter der heute denkmalgeschützten Lärchendecke getan, die schon über zweihundert Jahre zuvor eingezogen worden ist. Die biedermeierliche Kirschholz-Einrichtung des Blumensträußl hingegen ist streng genommen ein kleiner Etikettenschwindel, da erst 1924 von Architekt Bukowitsch aus Waidhofen an der Ybbs quasi auf einer frühen Retrowelle surfend entworfen.

Dennoch vermittelt das Blumensträußl eine ganz konkrete Vorstellung davon, wie die Kaffeehäuser vor allem in Bruckners jungen Jahren ausgesehen haben. Das Café Traxlmayr in Linz gibt es 1867 schon seit zwanzig Jahren. Kaffeehäuser vom Wiener Schlag wie das Traxlmayr und das Blumensträußl kennt Bruckner bereits zumindest vom Vorbeigehen von seinen Studienaufenthalten in Wien. Nach dem dauerhaften Umzug dorthin wird er nicht nur in der Stadt heimisch, sondern auch in ihren Kaffeehäusern. Darunter im Imperial, das auch Gustav Mahler zur Kollektion seiner Stammgäste zählt.

Auf den aromatischen Geschmack muss Bruckner nicht erst gebracht werden: Schon in den Jahren seiner zweiten biografischen

Runde in <u>Sankt Florian</u> als Lehrer und als Stiftsorganist entdeckt er das Kaffeetrinken für sich. Es wäre nicht Bruckner, praktizierte er es nicht so wie alles andere auch auf exzessive Weise. Als Domorganist in Linz erhöht er sein Kaffeepensum, das schon hier leichter kannenals tassenweise zu zählen ist.

In Wien kommt Bruckner dann auf eine Tagesdosis von zwei Litern kalten Kaffees, den ihm seine beiden Frauen fürs Leben zubereiten: Zuerst Schwester Nanni, die mit ihm nach Wien geht und bis zu ihrem frühen Tod 1870 den Haushalt führt; danach seine resolute Wiener Wirtschafterin Kathi Kachelmaier aus der Arbeiterschicht, die später psychisch schwer krank in der Nervenheilanstalt Am Steinhof verstirbt – von einem Schicksal ereilt, das Bruckner gerade eben noch erspart geblieben ist.

Zu den Aufgaben von Haushälterin Kachelmaier, der Bruckner wirklichkeitsgetreu ewige Prominenz durch ihren Dienst an ihm verspricht, gehört auch das Anrichten von Bruckners Schnupftabak in der richtigen Abmischung zweier Sorten.

Das Nikotin und der Kaffee, der Aufputschmittel wie Flüssigkeitsspender in einem ist, bewähren sich auch im Falle Bruckner als Stimulanzienpaar, das unzählige Kulturprodukte von der Enzyklopädie über die Sinfonie bis zum Roman hervorbringt. Das Koffein übernimmt die Rolle des Schleifsteins zur Erhaltung der Geistesschärfe, das Nervengift Nikotin bremst seinerseits den koffeinbedingten Bewegungsdrang. In Kombination ermöglichen sie stundenlange Kopfschwerarbeit im Sitzen.

Bruckners Kaffee lässt sich ohne Weiteres stilecht rekonstruieren, auch wenn bereits im neunzehnten Jahrhundert verschiedene Kaffeezubereitungsverfahren verbreitet sind. In den Kaffeehäusern werden acht bis zehn Deka feingeriebenes Pulver auf einen Liter in Wasser gekocht, nach mehrmaligem Aufwallen und fallweiser Klärung mit einem versprudelten Eidotter in die Aufzugmaschine umgefüllt und nach dem Aufziehen kannenweise im Wasserbad heiß gehalten. Daneben ist die sogenannte Karlsbader Kaffeemaschine – eine Seihkanne mit grobem Keramikfilter – in den Cafés üblich, die aber auch im Privathaushalt, wie der Bruckner'sche einer ist, weit verbreitet ist.

Einer Faustformel nach sind sechzehn Gramm möglichst grob gemahlener Kaffee für die erste Tasse von hundert Milliliter und sechs Gramm Pulver für jede weitere Tasse zu rechnen. Nach dem Aufgießen mit dem Schöpflöffel braucht der Kaffee sechs bis sieben Minuten Zeit zum Ziehen. Trotzdem es sich um eines der schonendsten Herstellungsverfahren handelt, wird dabei so viel Koffein freigesetzt wie sich Bruckner nur wünschen kann.

Anton Bruckner zum Nachhören

## „Freier Sinn und froher Mut", WAB 147

Beim Liederkranz Grein muss man stolz gewesen sein, dass der renommierte Linzer Domorganist und Komponist Bruckner während der Kur im Nachbarort als Zaungast bei einer Probe zugegen ist – und mit der kleinen Verzögerung von sieben Jahren der Bitte von Liederkranz-Vorstand Rechtsanwalt Leopold Schernberger entspricht und dem Laienensemble tatsächlich das erbetene Motto komponiert.

Weniger schmeichelhaft ist dies indes für Josef Wagner, dessen 1850 geschriebene Melodie bislang als Motto gesungen worden ist: Sie wird durch fünf Takte von Bruckner ersetzt; der Wortlaut des alten Mottos bleibt unverändert. Im Frühling 1874 findet der inzwischen in Wien lebende Bruckner Zeit für diese Musikminiatur. Die Noten dazu überbringt er im Sommer desselben Jahres persönlich.

*„Freier Sinn und froher Mut"*, WAB 147
Männerchor Bruckner 12, Thomas Kerbl

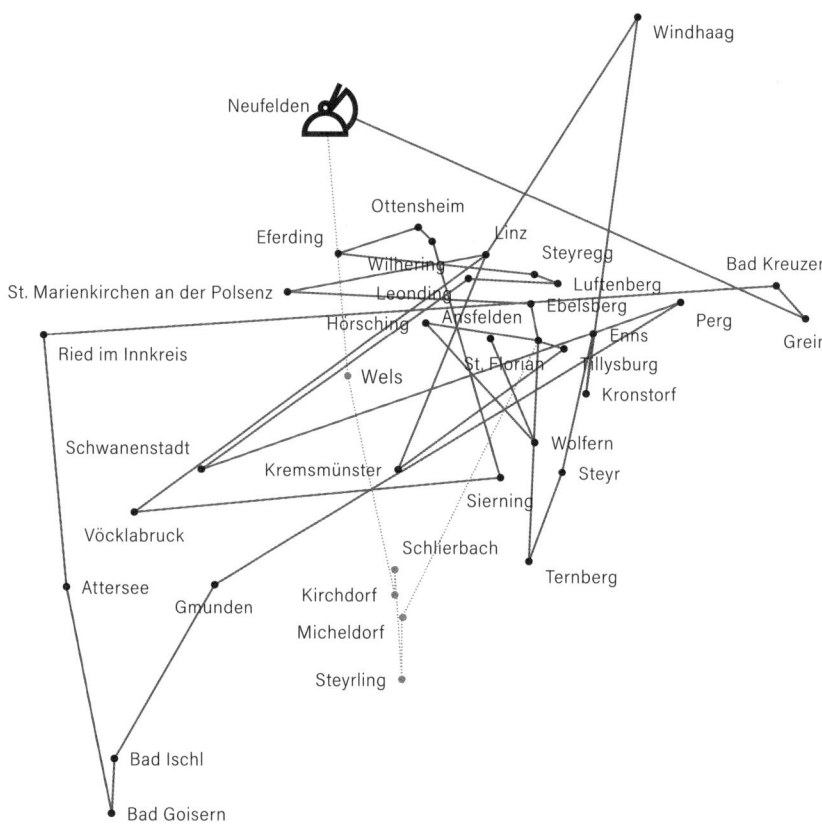

4120
## Neufelden
**Neifön**
48° 29′ N, 14° 0′ O

# Ein Bier für Professor Bruckner

Wie schon im Kapitel zu Sankt Marienkirchen an der Polsenz angeschnitten, geht Bruckners Hauptwohnsitzverlegung nach Wien äußerlich fast spurlos am Radikaloberösterreicher vorüber: Weder ändert er seinen Kleidungsstil noch seine Sprechweise. Noch seinen Lebenswandel samt seinen Essensgepflogenheiten. Bloß seine Trinkgewohnheiten ändern sich, als er das süffige Wiener Bier für sich entdeckt, das zum Fixstern am Nachthimmel seiner immer gleichen Abendgestaltungen wird: Bis weit über den Nachmittag hinaus unter massiver Einwirkung von Kaffee und Schnupftabak gearbeitet habend, belohnt sich Bruckner spätabends in seinen Lieblingsgasthäusern. Dorthin bestellt er auch seine Schüler und Wegbegleiter, die Bruckner nach dem genussfrohen mittelalterlichen Studentenlied *Gaudeamus igitur* seine „Gaudeamuser" nennt. Ein Fernbleiben wird nur ungern toleriert.

Auch wenn in Erinnerungen an Bruckner fallweise von Bierdarreichungen in Krügen die Rede ist, ist Bruckner zumindest in Wien ein klassischer Seideltrinker. Aus dem einfachen Grund, dass dem Feinschmecker Bruckner die Halbe zu schnell absteht, weshalb er Halbe-Konsumenten unmöglich findet.

Die Bierschwemme ist Bruckners liebster Aufenthaltsort in den Gaststätten, wo er inmitten des sogenannten einfachen Volkes alle paar Minuten „mit einem donnernden Hoch" das Glas mit frischem Pils zum Mund führt. Mangelhaft und nicht unmittelbar nach dem Zapfen serviertes Bier bringt den über das Melancholische hinaus auch cholerisch veranlagten Trinker in Rage; kaum ein Abend vergeht ohne eine Auseinandersetzung mit dem Servicepersonal, dem der Symphoniker Schimpfworte wie „Viechkerl" zumutet.

Im Gasthaus Gause und bestimmt auch anderswo kennt man die Ansprüche des schwierigen, aber lukrativen Gastes und gibt dem gut informierten Schankpersonal die Bestellung „Ein Bier für Professor Bruckner" durch. Und das in einer sich im Lauf der Jahre steigernden und stets ungeraden Zahl von sieben, neun, elf und am Ende dreizehn Seideln Bier, denn Bruckner ist Genuss- und Wirkungstrinker in Personalunion.

Wir können daher sicher sein, dass der nach heutigen Maßstäben alkoholabhängige Mann, der auf seine alten Tage noch zum Leberzirrhotiker und Diabetiker werden soll, auch bei seinen Besuchen im Hopfenanbau- und -handelsort Neufelden im Mühlkreis dem Bier zugesprochen haben wird.

Der Grund für Bruckners Visiten in dem prosperierenden Mühlviertler Markt ist die Fleischhauertochter Josefine Lang aus Linz, die seit ihrer Verehelichung mit dem erfolgreichen Kaufmann und Bürgermeister Josef Weilnböck in dessen Heimatort oberhalb des Saurückens lebt.

Ihr nunmehriger Schwager Karl Weilnböck ist in Linz ihr Lehrer gewesen. Als ihn Bruckner einmal vertritt, lernt er die damals Zwölfjährige 1856 kennen und wohl auch gleich lieben. Zehn Jahre danach weist sie seinen Heiratsantrag zurück. Sie retourniert Bruckner die von ihm erhaltene goldene Uhr und Mutter Bruckners Gebetbuch, behält aber für den Rest ihres Lebens jenes Wachsstöckl, das ihr Verehrer Bruckner als Kind im Zuge seiner ersten Wallfahrt auf den Pöstlingberg bekommen hat. Der Brautwerber ist schwer getroffen und interessiert sich unbeschadet dessen weiterhin für je eine junge Dame in Wien und Salzburg parallel. Oder genauer gesagt: für deren potenzielle Mitgift.

Josefine bleibt dennoch unvergessen. So kommt es, dass sich Bruckner am siebzehnten September 1890 bei einem Aufenthalt in Linz einen Spontanbesuch in Neufelden in den Kopf setzt, einen Landauer bestellt und sich gemeinsam mit Domkapellmeister Karl Waldeck zur ehemals Angeschmachteten fahren lässt – bei der er prompt für deren Tochter Karoline als „liaben Ersatz" für die vergebene Mutter entbrennt.

Die seit 1523 bestehende Brauerei von Neufelden ist zu diesem Zeitpunkt schon seit fünfundzwanzig Jahren im Besitz von Martin und Theresia Scherrer, die nach dem wirtschaftlichen Niedergang von Familie Weilnböck auch deren Haus übernehmen und zu einem der besten Hotels im Mühlviertel machen werden.

Das Brauhaus befindet sich, wie der gegenwärtige Biobraumeister Tobias Pumberger weiß, damals noch oben am Markt, während das heutige Brauereigebäude eine Häuserzeile dahinter und darunter als

Lager dient. Die vollen Fässer werden auf einem Rollbock hinuntergelassen. Auf einem Fass reitend mit hinunterzufahren und sich nach der abrupten Bremsung am Prellbock in die weiche Wiese katapultieren zu lassen, ist ein Neufeldner Volkssport – der umso lustiger ist, je größer in Braumeister Pumbergers Worten der mitspielende Dulliöh ist.

Auch über die Braukunst von damals weiß der gemütliche Bierprofessionist, der jeden ersten Donnerstagnachmittag im Monat beim Rampenverkauf öffentlich ordiniert, bestens Bescheid: Zu Bruckners Zeit ist Brauen mangels Strom buchstäblich noch Handwerk und auf die kühle Jahreszeit beschränkt. Das Bier läuft auf offenen Holzrinnen, doch obwohl der aus der Absenz von Edelstahlleitungen und -gebinden resultierende niedrigere Hygienestandard zulasten der Haltbarkeit geht, ist Pumberger sicher, dass schon das Bier seiner Vorgänger ausgezeichnet geschmeckt hat: naturtrüb, vollmundig und etwas weniger alkoholhaltig als heute. Bestimmt haben die Honoratioren des Ortes bei Bruckners zweitem Neufelden-Besuch 1890 nach einem fulminanten Orgelkonzert in der Kirche – bei dem der Virtuose von auswärts in etwa das Gleiche spielt wie bei seinem Triumph in Bad Ischl – davon das eine und andere Seidel für Professor Bruckner bestellt und mit ihrem namhaften Gast angestoßen.

„Herzlichsten Dank für Ihr herrliches Bild. Die treuherzigen, schönen Augen! Wie trösten sie mich oft. Bis zum Ende meines Lebens wird mir die Reliquie theuer und kostbar sein. Und welche Freude bei so oftmaligem Anblicke etc. Auch ich bitte um Ihre so theure Freundschaft, liebstes Fräulein. Möge mir dieselbe nie entzogen werden! Der meinen sind Sie in Ewigkeit sicher."

Aus einem Brief an Marie Demart

4600
# Wels
Wöös
48° 9' N, 14° 2' O

## Männermusik, ein Korb und eine Reisekappe

Es mutet vielleicht ein wenig ungewöhnlich an, doch tatsächlich zählt die Welser Volksfesthalle zur illustren Runde von Orten, die für sich in Anspruch nehmen können, Auditorium und Schauplatz einer Uraufführung eines Werkes von Anton Bruckner gewesen zu sein: 1883 erklingt auf dem Messegelände das Männerchorstück *Sängerbund*, das Bruckner seinem Welser Freund und Förderer August Göllerich senior gewidmet hatte. Allerdings nicht in seiner Eigenschaft als deutschnationaler Land- und Reichstagsabgeordneter, sondern als Vorstand des „Oberösterreichisch-Salzburgischen Sängerbundes".

Zum Zeitpunkt der öffentlichen akustischen Premiere liegt auf den Notenblättern bereits etwas Staub, ist das Stück doch bereits zwei Jahre zuvor komponiert worden. 1881 also und damit in jenem Jahr, in dem Bruckner in Wels die Bekanntschaft der Ludovica Francisca Hochleitner respektive Hochleithner machte, die als Tochter eines Richters biografisch via Bad Ischl traunabwärts nach Wels gelangt ist. Dass sie die Stadt 1892 Richtung USA verlässt, wo sie 1945 als pensionierte „Superintendent of Sewing" – sprich „Nähkommissarin" oder schlicht Handarbeitslehrerin – unter dem Namen Louise Holton verstirbt, sei hier nebenbei und des tollen Berufstitels wegen erwähnt.

Offenbar verfügt die junge Dame nicht nur über geschickte Hände, sondern in den Worten von Göllerich auch über eine „trefflich gebildete Contra-Alt-Stimme". Schenken wir einer von vielen hartnäckig überlieferten Bruckner-Anekdoten Glauben, wird der mit seinem Gastgeber Göllerich und seinem späteren Privatschüler Camillo Horn durch Wels spazierende Bruckner zuerst visuell auf Hochleitner – oder Hochleithner – aufmerksam, deren Porträt angeblich in der Auslage eines Fotoateliers ausgestellt gewesen ist.

Dass die Abgebildete dem entzückten Komponisten noch am selben Abend vorgestellt wird, muss nicht wahr sein; dass es zu einer persönlichen Bekanntschaft und dazu kommt, dass Bruckner der Amateursängerin noch 1881 seine dritte Vertonung des *Ave Maria* zueignet, ist hingegen so sicher wie die Tatsache, dass Bruckner schon in den 1860er-Jahren mindestens dreimal in Wels gewesen ist: 1865, um seinen verhinderten ehemaligen Chorkollegen Alois Weinwurm als Chorleiter zu vertreten; 1869, um zum ersten Mal in seinem Leben eine Auszeichnung entgegenzunehmen und 1870, um als Orgelvirtuose Wels für sich zu gewinnen und sich am Tag darauf gründlich zu blamieren.

Aber der Reihe nach und zurück ins Jahr 1865: Da steht in Wels das Gründungskonzert des „Oberösterreichischen Sängerbundes" auf dem Kulturprogramm. Als Mitgestalter hat sich auch ein Linzer Männergesangsverein angesagt, der „Sängerbund" und damit so heißt wie das 1883 in der Volksfesthalle uraufgeführte Bruckner-Lied. Gründer und

Leiter des Ensembles ist besagter Alois Weinwurm, der am fraglichen Tag verhindert ist und Bruckner als Vertreter für die Aufführung des Titels *Waldeinsamkeit* (nicht von Bruckner) gewonnen hat.

Vier Jahre darauf steht Bruckner in Wels exklusiv im Mittelpunkt, als ihn der „Männergesangsverein Wels" 1869 auf Betreiben seines Vereinsobmanns Göllerich zum Ehrenmitglied macht – in spontaner Anerkennung der Triumphe, die Bruckner gerade erst an zwei modernen Riesenorgeln in Nancy und Paris gefeiert hat. Die Ehrung, für die er seine Rückreise aus Paris nach Wien in Wels unterbricht, ist eine Art Nachwehen der Begeisterungsstürme in Frankreich. Zum Dank setzt sich Bruckner angeblich auch in Wels in die Tasten greifend und auf die Pedale steigend an den Orgeltisch. Rund um die Feierlichkeiten in Wels lernt er Göllerichs Sohn August junior kennen, der einer seiner Schüler, sein erster Biograf und ein der vom jungen Hitler verehrte Wagnerdirigent werden soll.

1870 gibt er verbürgterweise ein weiteres Mal ein virtuoses Orgelkonzert in der Stadtpfarrkirche, wobei er laut einer Besprechung „allseitig Staunen und Bewunderung" erregt. Bruckner seinerseits ist freudig erregt, die junge Karoline Rabl aus honoriger Welser Arztfamilie kennenzulernen und sorgt anderntags für große Heiterkeit in der Kleinstadt, als er bei ihren entgeisterten Eltern mit einem Heiratsantrag vorstellig wird. Statt Bruckner heiratet Karoline später einen Herrn namens Heinrich Reichel, und ihre Herkunftsfamilie soll für Wels bedeutsam bleiben: Ihr Neffe Eduard Rabl ist der Urururgroßvater von Bürgermeister Andreas Rabl, der die Erinnerung an die Heiratsantragsepisode von 1870 hochhält.

Die prompte Absage und das Gespött müssen Bruckner schon geschmerzt haben – so wie ihn 1886 der Verlust seiner Reisekappe ärgert, derer er auf einer Reise nach München in Wels verlustig geht. Die Stadt, die es Mitte des neunzehnten Jahrhunderts fertigbringt, mit unter sechstausend Einwohnern ein bedeutender Industriestandort zu sein, hätte ihm jedoch stilvollen Ersatz liefern können: zum Beispiel einen Velourshut aus der erfolgreichen Welser Hutfabrik Carl Blum, die in ihren besten Jahren Filialen in New York, London, Berlin, Paris und natürlich auch in Wien unterhält.

Um welche Art von Reisekopfbedeckung es sich bei dem verlorenen Stück gehandelt hat, ist unbekannt; in Bruckners Fall müsste eine Ballonmütze am kleidsamsten gewesen sein. Lebte er noch heute und verlöre er seine Kappe wieder in Wels, hätte er gute Chancen, sie im Büro des städtischen Fundservice am Stadtplatz zwei wiederzubekommen, wo an Volksfest- und Messetagen täglich mehrere hundert Fundstücke abgegeben werden. Gabriele Muckenhammer vom Fundservice würde dennoch ihr Bestes geben, um Bruckner als Kappenbesitzer ausfindig zu machen. Sollte sie scheitern, würde Bruckners Reiseutensil nach einjähriger Aufbewahrungszeit schließlich der Kleidersammlung zugeführt werden.

**Anton Bruckner zum Nachhören**

## „Ave Maria, gratia plena", WAB 7

Als Bruckner Wels 1881 zum dritten Mal besucht, hat er das *Ave Maria* bereits zweimal vertont. Die „weihevoll" zu spielende dritte Fassung für Singstimme (Alt) und Klavier, Orgel oder Harmonium in F-Dur schreibt er mit dem Sound der Stimme von Louise beziehungsweise Luise Hochleitner im Ohr – und sicherlich auch mit ihrem Bild vor Augen. Dieses entdeckt er bei besagter Wels-Visite spätabends in der Auslage eines Fotostudios. „Ahhh – herrlich! Wer is' dös?", soll er gefragt und dann angeordnet haben: „Da führt's mi' hin. Dö muaß i' seg'n!"

Bei der aparten jungen Frau handelt es sich um eine ausgezeichnete Kontra-Altistin und die Schwester der Braut seines Schülers und Begleiters Camillo Horn. Bereitwillig trägt sie Bruckner ihr gesamtes Repertoire vor und wird im Februar 1882 von ihm mit der Widmung seines dritten *Ave Maria* bedacht.

*„Ave Maria, gratia plena"*, WAB 7
Schola Cantorum, Tone Bianca,
Sparre Dahl

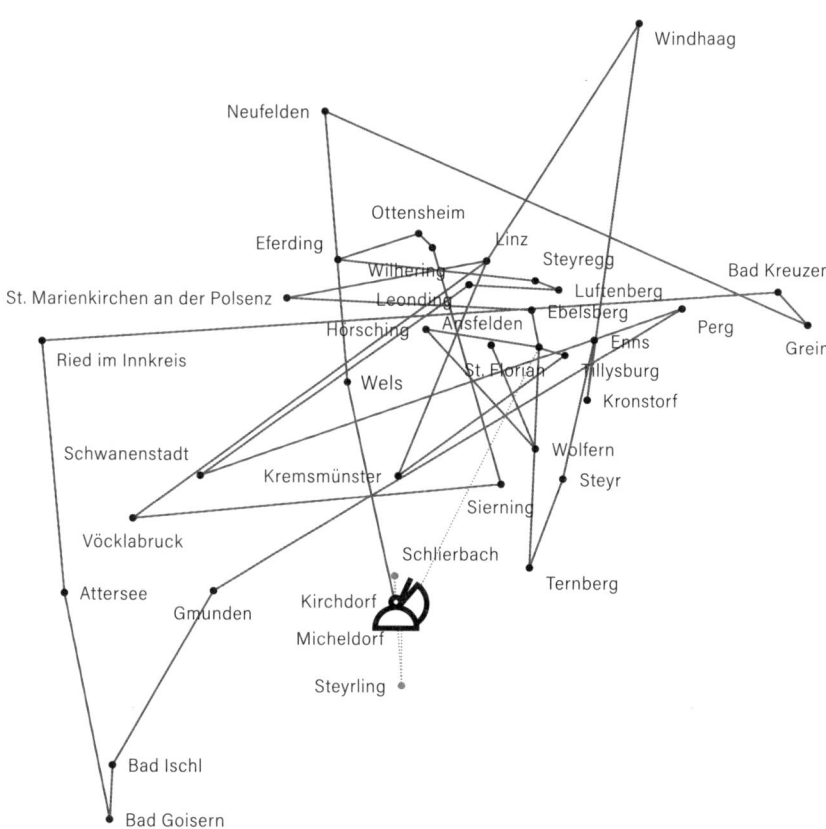

4560
# Kirchdorf
Kiachdoaf
47° 54' N, 14° 7' O

## Frei nach dem Motto

So harmlos bürgerliche Männergesangsvereine und Liedertafeln wirken, so politisch sind sie in ihrer Gründerzeit: ein kultureller Ort der bürgerlichen Emanzipation von monarchistischem Staat, Kirche und Adel. Im benachbarten Deutschland entwickeln die ab 1801 entstehenden patriotisch-national orientierten Sing- und Musikvereine genug Sprengkraft, um die Besorgnis des konservativen Metternich-Regimes zu erwecken. Vorsorglich werden die als „deutsche Pest" gefürchteten bürgerlichen Musikvereine gleich in Bausch und Bogen verboten; auf dem Land allerdings gibt es in den meisten Orten kleine Männerchöre, die gesellschaftlich in etwa den Stellenwert der Blasmusikkapellen von heute haben. Meistens handelt es sich, so ist es in der Musikgeschichte nachzulesen, um die heute rar gewordene Besetzungsvariante des Doppelquartetts. Schon als musisch verhaltensauffälliger Schulgehilfe in Windhaag nimmt sich Bruckner des kleinen Männerchores im Ort an, und in Kronstorf initiiert er die Gründung eines singenden Männerquartetts gleich selbst.

Nur wenig später – Bruckner unterrichtet, orgelt und komponiert derweilen in Sankt Florian – wird 1843 die Gründung des Wiener

Männergesangs-Vereins auf gut Neudeutsch zum Game Changer: Einen Gesangsverein aus der Taufe zu heben wird so hip wie deutlich mehr als hundert Jahre später die Formierung einer Beat- beziehungsweise später einer Punkband. Noch 1843 ziehen bürgerliche Rebellen in Waidhofen an der Ybbs mit einer Gründung nach; 1845 folgen die Liedertafel „Frohsinn" in Linz und der Männergesangsverein in Bad Ischl.

Als Bruckner in Linz landet, wirft er sich als Chormitglied des „Frohsinn" gleich mitten ins kulturrevolutionäre Treiben. Und trägt zur Aufbruchsstimmung nicht nur als inzwischen zur Heiserkeit neigender Sänger und Chormeister bei, sondern auch als Komponist von Liedern und sogenannten Motti, die damals zum Inventar eines jeden Gesangsvereins gehören wie die mit dem Mottotext bestickte Vereinsfahne und die Satzung.

Bruckner ist und versteht sich als Teil der jungen Szene, in der es zwischen den Liedertafeln und Gesangsvereinen einerseits vor allem bei den wettbewerbsartigen Sängerfesten Rivalitäten, andererseits aber auch große Solidarität gibt. Es gehört zu den sympathischsten und gewinnendsten der zahlreichen Facetten von Bruckners multidimensionaler Persönlichkeit, dass er sich noch als renommierter Profimusiker und Akademiker nie zu schade dafür sein wird, auf seinen Oberösterreichreisen landauf, landab die örtliche Liedertafel zu besuchen und den singenden Amateuren freundschaftlich auf gleicher Ebene zu begegnen. Dabei muss es keineswegs immer ein konzertanter Auftritt sein: Bruckner fühlt sich offensichtlich auch als Zaun- und Ehrengast bei Proben wohl.

Zu Bruckners Wohlbefinden trägt mit Sicherheit der Umstand bei, dass der Begriff „Probenlokal" bei den meisten Liedertafeln wortwörtlich zu nehmen ist, da sie zum Singen im Gasthaus ihrer Wahl zusammenkommen. Gerne entspricht Bruckner auch den sangesbrüderlichen Bitten um die Komposition eines Mottos. So geschehen in Eferding, Grein und Sierning, und dass Bruckner für seine eigene Liedertafel komponiert, versteht sich von selbst.

In den 1860er-Jahren darf Kirchdorf an der Krems den stattlichen Herrn aus Linz mehrfach zu seinen Sommergästen zählen. Als Feriendomizil erwählt er sich den Gasthof Zur Post, in dem die örtliche Liedertafel mit Gründungsjahr 1852 probt. Ihr Chormeister ist jener Alois Weißgärber, den Bruckner später in Ottensheim besuchen wird. Als der geschickte Tänzer Bruckner 1869 in Kirchdorf einen Ball besucht, verspricht er der Kirchdorfer Liedertafel – „Mit eiserner Dauer sind fröhlich wir Männer" lautet ihr Motto – eine Komposition. In der Chronik des heute noch bestehenden Ensembles gleichsam in Gold gerahmt ist der fünfundzwanzigste August 1870: Verbürgterweise, wenn auch vermutlich nicht zum ersten Mal, wohnt Bruckner einer Probe bei und zollt dem gesanglichen Niveau der eisern fröhlichen Sänger laut Überlieferung auch artig sein Lob.

Stets eines Lobes sicher können sich im Kirchdorf dieser Tage auch die im halben Kremstal populären Faschingskrapfen der Konditorei Sturmberger am Simon-Redtenbacher-Platz sein, die sich für eine spezielle Variante des Bruckner-Gedenkens anbieten. Wer mag, kann ihren Verzehr geistig mit einer großartigen Bruckner-Anekdote verbinden. Laut der erweist Bruckner – der Dankbarkeit stets materiell beispielsweise in Form von papierumwickelten Theresientalern auszudrücken pflegt – dem Dirigenten Hans Richter seinen tief empfundenen Dank für das Dirigat der bejubelten Uraufführung der *Achten Sinfonie* im Goldenen Saal der Gesellschaft der Musikfreunde in Wien auf nicht alltägliche Weise: Als Richter den Saal verlässt, erwartet Brucker den Verblüfften an der Portierloge mit der Aufforderung zum Zugreifen und einem Servierbrett, auf dem achtundvierzig (!) frisch gebackene Krapfen liegen.

„Im Übrigen freut es mich sehr, wenn die Oberösterreicher etwas von mir singen."

Aus einem Brief an Wilhelm Floderer

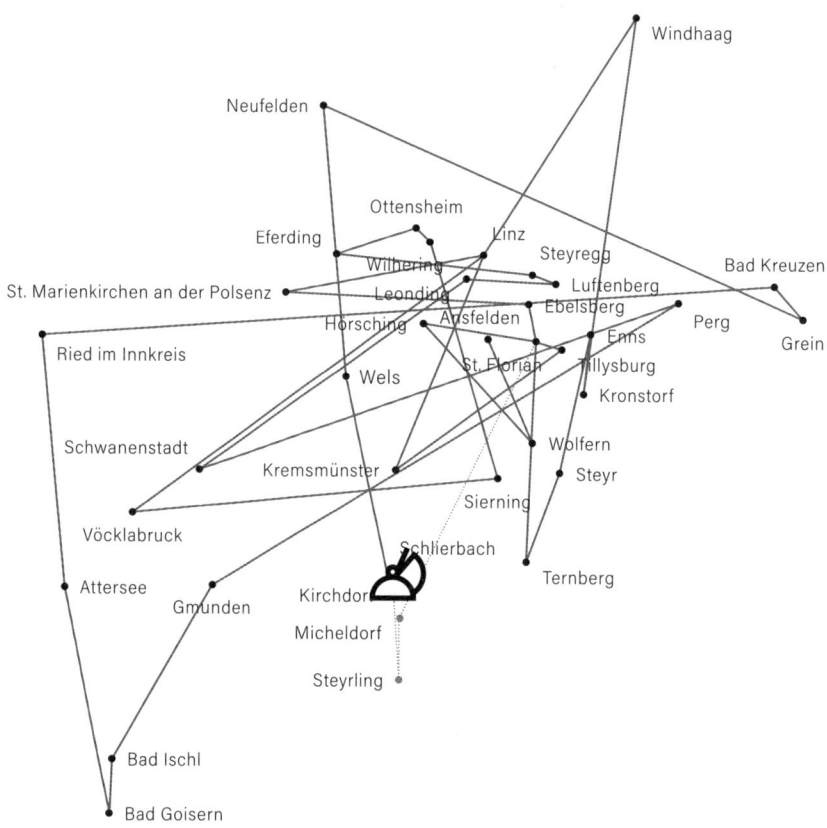

4553
# Schlierbach
Schliarbåch
47° 56' N, 14° 8' O

# Hin und weg

Dem Sommerfrischler, Touristen und Vergnügungsreisenden Anton Bruckner ist kaum ein Ort zu klein oder zu unbedeutend, um nicht doch als Ausflugsziel oder wenigstens Zwischenstopp zu taugen: Ein Wirtshaus oder gar eine eigene Brauerei hat bald einmal ein Dorf, und mit an Sicherheit grenzender Wahrscheinlichkeit steht im Zentrum eine Kirche samt Orgel. So wie die Besuche von befreundeten Studien- und Lehrerkollegen ziehen sich auch Bruckners Gastspiele an großen und kleinen Kirchenorgeln wie ein dramaturgischer Faden durch sein Leben. Mal spielt er bei Messen, mal für eine Angebetete, mal für einen kleinen Kreis von Kennern oder bisweilen auch bloß für sich allein.

Wie in anderen Dingen auch ist Bruckner, wie man in London – an einem der Orte seiner größten Erfolge als Organist – sagen würde, nicht picky, sprich alles andere als wählerisch. So etwas wie Bruckners Lieblingsorgel scheint es nie gegeben zu haben, auch wenn er sich auf manchen Instrumenten und in ihrem Klang bestimmt wohler als mit anderen gefühlt haben muss. Umgekehrt ist Bruckner aber auch nicht bar jeglicher Prinzipien.

Wie es heißt, lehnt er „Kletzentruhen, Werkeln und gestohlene Orgeln" ab. Bei den „gestohlenen Orgeln" handelt es sich wohl um die Instrumente aus den im Josephinismus geschlossenen beziehungsweise profanierten Kirchen, die keinem liturgisch-sakralen Zweck mehr dienen können. Sofern die Qualität ihrer Orgeln den Aufwand rechtfertigt, werden sie aus- und in kleinen Kirchen eingebaut, wo sie heruntergekommene oder von Haus aus ärmlich ausgestattete Orgeln ersetzen.

Da es wegen der Kirchenschließungen ein Überangebot an Orgeln gibt, wird Bruckner in eine Zeit geboren, in der es für die Orgelbaumeister über einen längeren Zeitraum wenig zu tun gibt. Mit der Stagnation des Orgelbaus ist auch ein musikalischer Stillstand verbunden, da es nur vereinzelt neue Orgeln gibt, deren klangliches und damit auch kompositorisches Potenzial noch nicht gehoben ist.

Neuen Schwung erfährt der Orgelbau erst wieder, als die alten und auch in punkto Sound aus der Mode gekommenen Orgeln aus dem Barock und Spätbarock eine nach der anderen das Zeitliche segnen und generalsaniert oder neu gebaut werden müssen. Bruckner selbst setzt sich in Linz, Sankt Florian und Steyr vehement für eine Modernisierung der Krismann-Orgeln ein.

Dass mangels Tonaufzeichnungstechnik keine einzige der vielen Bruckner'schen Orgelimprovisationen überliefert ist, ist bereits oft genug beklagt worden. Ein Bild von Bruckner am Orgeltisch können wir uns dank etlicher deckungsgleicher Ohren- und Zeitzeugenberichte dennoch machen: Sie legen den Schluss nahe, dass die Orgel zusammen mit dem substanzinduzierten Rausch der vielleicht einzige

Ort der Freiheit in Bruckners Leben ist. Wie es scheint, entschwebt Bruckner mit den ersten Tönen in eine schwerkraftlose Sphäre vollkommener Gelöstheit.

Dass er im Spiel sich selbst, die Zeit und den konkreten Raum vergisst, bezeugen auch die Memoiren von Uhrmachermeister Alois Spannesberger. Er erlebt Bruckner an der Orgel der Kirche von Stift Schlierbach, das der berühmte Organist mehrfach im Zuge seiner Aufenthalte im nahen Kirchdorf besucht: Laut Spannesberger „spielte [Bruckner] auf diesem herrlichen Instrumente ganz weltvergessen mit einer Begeisterung, daß wir Zuhörer uns kaum zu atmen erlaubten. Er spielte über eine Stunde lang und als er endlich schloß, war der Meister so in Schweiß gebadet, daß ihm der damalige Prior, Pater Florian Schininger, frische Wäsche leihen mußte."

Ähnliches berichtet der ehemalige Wilheringer Sängerknabe und Lehrer Hans Soukup: „Bei […] Zwischenspielen war Bruckner oft so weltentrückt, daß er vom Organisten durch einen sanften Druck auf die Schulter aufmerksam gemacht werden mußte, das Spiel zu beenden, da der Priester beim Altar schon längere Zeit wartete. Den Höhepunkt seiner Kunst bildete stets das Nachspiel am Schlusse des Amtes – eine großangelegte Fuge. Einst intonierte er auf dem Pedal das Fugenthema. Dabei streifte er den Rock ab, reichte ihn dem nächststehenden Sängerknaben und führte in weiten Hemdärmeln das Thema in all seinen Wendungen durch. Er vertiefte sich so in seine Kunst, daß der Priester schon längst in der Sakristei war."

Steyrling

Schlierbach

4571
# Steyrling
Schdeialing
47° 48' 23" N, 14° 7' 48" O

## Das letzte Abendmahl von Apostel Anton

In Steyrling ist Bruckner unter anderem beim Sensenmann zu Gast: Bei Michael Piesslinger, der manchmal auch mit bloß einem „s" geschrieben wird und mit „Adam" und „Seraphin" auf zwei weitere schöne und ebenfalls biblische Vornamen hört. Als Besitzer eines Steyrlinger Sensenwerkes setzt Piesslinger die maßgebliche Tradition im Dorf fort, das ursprünglich so etwas wie die Werkssiedlung der drei Sensenschmieden Am Hirschenstein, Am Grünanger und An der Schleifen am Traglbach gewesen ist. Zum Zeitpunkt von Bruckners Quartiernahme bei seinem honorigen Gastgeber sind die Metallbetriebe bereits seit fast dreihundert Jahren dokumentiert. In Bruckners neunzehntem Jahrhundert wird das eiserne Dorf auch noch explosiv: In Gestalt von Franz Redtenbacher hat es einen veritablen Erfinder hervorgebracht, der in seiner k. k. priv. und conc. Ersten oberösterr. Sprengmittel-Fabrik das herstellt, was in Bergwerken und Steinbrüchen gebraucht wird, um auch ohne Pickel und Haue voranzukommen.

Bruckners Visite bei Piesslinger ist nicht seine einzige in Steyrling, das er auch von seinem relativ nahen Ferienort Kirchdorf aus besucht – so in Begleitung des Schriftstellers Karl Zeitlinger, seines Zeichens Mitglied der Liedertafel „Frohsinn" aus Linz.

Dass auch Bruckner selbst frohen Sinnes ist, liegt in Steyrling einerseits an der Freude, die dem bereits in der Weltstadt Wien lebenden Gast die Landschaft bereitet. Und andererseits an der Orgel in der angesichts der üblichen Lebensdauer österreichischer Sakralbauwerke immer noch brandneuen Kirche zur Unbefleckten Empfängnis, die erst 1863 von Bruckners damaligem Chef, Förderer und Fan Bischof Rudigier geweiht worden ist.

Der wegen seines Widerstands gegen die neuen liberalen Schul- und Ehegesetze von 1868 vorbestrafte, aber vom Kaiser begnadigte konservative Gottesmann kommt nicht mehr in den optischen Genuss eines Bildes, das sich seines biblischen Motivs wegen noch heute bestimmt auch trefflich in der Steyrlinger Kirche machen würde: *Das letzte Abendmahl* in einer Darstellung des Münchner Secessionsgründers Fritz von Uhde, das heute zum Kunstbestand der feinen, theologisch ansonsten jedoch profanen Staatsgalerie Stuttgart gehört.

Hätte dem ein Jahr vor der Fertigstellung 1885 verstorbenen Bischof das über sechs Quadratmeter große Tableau gefallen? Wir wissen es nicht und tippen vorsichtig auf Ja, zumal einer der abgebildeten Apostel am Tisch niemand anderer als Rudigiers geschätzter Organist Bruckner ist.

Der Abgebildete ist jedenfalls nicht im Bild gewesen, dass er von Maler Uhde ins Bild gesetzt würde, nachdem der Künstler den Komponisten nach einer triumphalen Aufführung im Odeon in München bei der Entgegennahme des Applauses beobachtet und zum Modell erwählt hat. Uhde lässt bei Bruckner durch den Dirigenten Hermann Levi und Bruckners Mäzen Carl Almeroth um eine Einverständniserklärung bitten, die der Gefragte verweigert, da er sich des Ansinnens nicht ausreichend würdig fühlt. In Uhdes innerem Bild vom Bild aber hat Bruckner offenbar schon einen so unverrückbaren Platz eingenommen, dass er auf heimlich im Odeon gezeichnete Skizzen zurückgreift und Bruckner trotzdem zum Apostel macht.

Bruckner selbst erfährt erst durch einen Freund davon, als *Das letzte Abendmahl* im Künstlerhaus in Wien ausgestellt ist, geht hin und bleibt lange, offensichtlich überwältigt, vor dem Kunstwerk stehen.

Noch regelmäßiger als Bruckner bei der Messfeier zum Abendmahl geht, verrichtet er seine täglichen Gebete, tendiert mit zunehmendem Alter aber auch hierbei ins Rauschhafte. In Steyrling ist noch alles im Rahmen, doch als er in München gefeiert und hinterrücks porträtiert wird, pflegt er sein expandierendes Gebetspensum und seine Beichtgänge bereits seit drei Jahren zwänglich in seine Taschennotizkalender einzutragen.

Damit begonnen hat er am Aschermittwoch des Jahres 1882, der auf den zweiundzwanzigsten Februar gefallen ist. Für die Quantifizierung seiner Gebetsleistungen entwickelt Bruckner ein einfaches System: „R" steht für Rosenkranz, „V" für das Vaterunser, „A" für Ave-Maria, „S" für Salve Regina und „Gl" für das Glaubensbekenntnis. Die Doxologie, das oft zum Abschluss des Betens vorgenommene Rühmen der Herrlichkeit Gottes, wird mit drei Balken symbolisiert, die eine Senkrechte kreuzen. Striche zeigen an, was Bruckner wie oft gebetet hat.

Ab 1886, als Bruckner auf Uhdes Bild schon eine gute Figur als Jünger Jesu macht, sind in Bruckners Kalender immer weniger Termine, aber umso mehr Gebete und Migräneattacken verzeichnet. Kurz vor seinem Tod nimmt Bruckners Gebetsmanie Kurs in Richtung Wahnsinn: Seine Betrituale am Hausaltar ziehen sich über Stunden, und in der Karwoche von 1896 muss seine tapfere Haushälterin Kathi Kachelmaier als Begleiterin einen siebenstündigen Gebetsmarathon in der Michaelerkirche aussitzen.

„Sie wollen, dass ich anders schreibe. Natürlich könnte ich das, aber ich darf nicht. Gott hat mich aus Tausenden erwählt und mir ausgerechnet dieses Talent gegeben. Ihm gegenüber muss ich Rechenschaft ablegen. Wie würde ich denn vor dem allmächtigen Gott stehen, wenn ich anderen folgte und nicht Ihm?"

Bruckner zugeschrieben

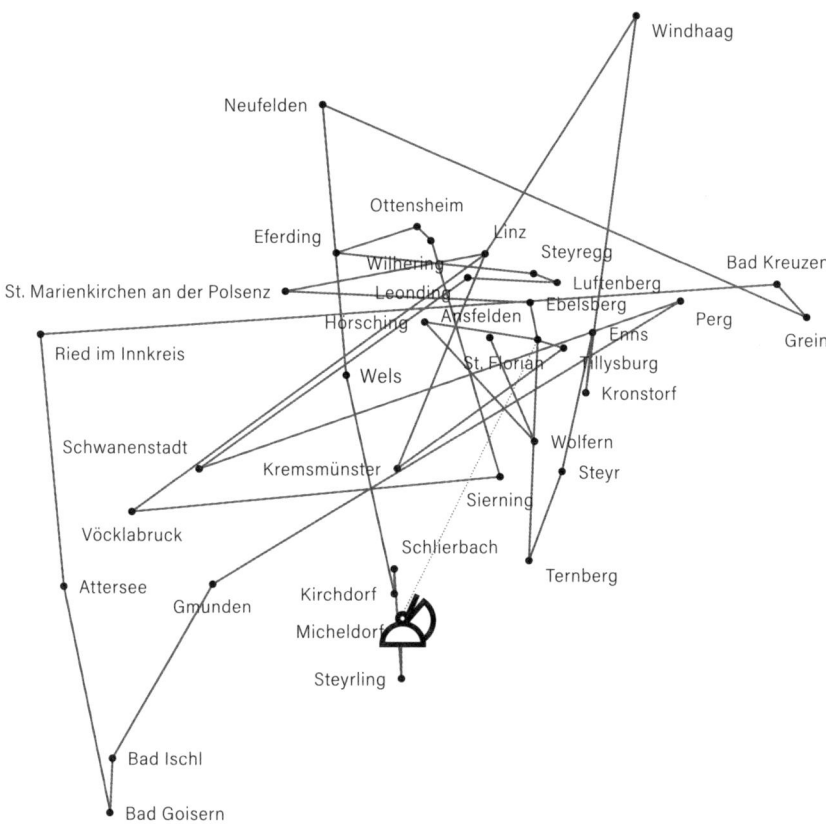

4563
# Micheldorf
Müchüdoaf
47° 53′ N, 14° 8′ O

## Gefangen

Bruckner schwächelt, als er im Sommer 1879 von Kirchdorf aus die Burg Altpernstein über dem Kremstal „erklimmt", wie es im großen elektronischen Bruckner-Lexikon etwas übertrieben heißt. Denn der wie aus einem Bilderbuch gekletterte Massivtrutzbau steht nicht mehr als vierhundert Höhenmeter auf halbem Weg über beziehungsweise zwischen Kirch- und Micheldorf. Weder vom einen noch vom anderen Ort geht es sonderlich steil empor. Doch der fünfundfünfzigjährige Exiloberösterreicher, der wieder einmal aus dem sommerheißen „Häusermeer" Wien – wie es in der Diktion seines ehemaligen Linzer Grätzelnachbarn Adalbert Stifter heißt – heim aufs Land gereist ist, bewältigt den Anstieg nicht mehr aus eigener Kraft. Der sonst so ausdauernde Geher muss von seinen Begleitern, dem erst fünfzehn Jahre alten Karl Zeitlinger und Bruckners Unterlehrerkollegen Joseph Greck, abschnittsweise auf verschränkten Händen im Engerlsitz getragen werden – was bestimmt kein leichtes Stück Arbeit gewesen ist.

Oben angekommen, dauert es nicht lange, bis Bruckner atem- und kreislaufmäßig wiederhergestellt ist. Zum Leidwesen von Förster Wischenbart, der sich den drei Besuchern als Burgführer zur

Verfügung stellt: Bruckner löchert den geschichts- und ortskundigen Waid- und Forstmann wie ein Kind mit Fragen. Der detailversessene Führungsgast erfährt dabei unter anderem, dass die Burg schon seit dem elften Jahrhundert auf ihrem Platz steht und seinerzeit zum Schutz der Siedlungen im Tal vor den kriegerischen Einfällen aus Ungarn gebaut worden ist. Einige hundert Jahre später bietet Altpernstein den Kremstalern Schutz vor den Türken. 1630 gelangt die Burg schließlich ins Eigentum von Stift Kremsmünster, das sie der Witwe ihres Eigentümers Graf von Herberstorff abkauft.

Dass sie nach Ende des Zweiten Weltkriegs für Jahrzehnte an die Diözese Linz verpachtet werden soll, hätte Bruckner bestimmt so gefallen wie die Gleitschirmflieger, die sich heute an Tagen mit tauglicher Thermik von der Absprungrampe am Hirschwaldstein oberhalb der Burg stürzen, um in ausladenden Spiralen talwärts zu schweben. Denn ausgerechnet der in so vielem so zwängliche Bruckner versteht sich, wie er in einer der zahlreichen Vorbesprechungen seiner letzten Ruhestätte eindringlich betonen wird, als Mensch ohne Joch: „Ihr wisst's, meine Herren, der Bruckner is' immer a freier Mann g'wesn."

Dennoch kann Bruckner nicht an der Burgkapelle vorbeigehen, ohne dort ein Gebet zu verrichten. Genauso wenig kann er es während der Burgführung beim bloßen Betrachten des Altpernsteiner Kerkerverlieses – noch heute eine der Hauptattraktionen des beliebten Ausflugszieles – bewenden lassen: „Um die Qualen eines Gefangenen besser nachfühlen zu können", lässt er sich von Förster Wischenbart in die niedrig-enge Zelle sperren.

Welche Fantasien Bruckner dabei durch den Kopf gegangen sein mögen, bleibt Gegenstand von Spekulationen. Handfest belegt ist dahingegen Bruckners Besessenheit von Schwurgerichtsverhandlungen und Hinrichtungen, die ihn tagelang im Voraus in höchste Unruhe und Erregung versetzen und nicht mehr schlafen lassen. Von seinem Freund, dem „berühmten Alpinisten" Stradal – siehe Bad Goisern – lässt sich Bruckner dutzendweise Zeitungen mit der einschlägigen Berichterstattung bringen.

Einen Höhepunkt erreicht Bruckners True-Crime-Fixierung rund um den Frauenmörder Hugo Schenk, der die österreichische Öffentlichkeit seinerzeit so faszinierte wie der literarisch ambitionierte Frauenserienmörder Jack Unterweger Mitte der 1990er-Jahre. Der aus dem guten Hause einer Richterfamilie stammende Schenk, der vom Alter her leicht Bruckners Sohn sein hätte können, gibt sich schon mit zwanzig als polnischer Fürst Boleslav von Wilopolsky aus. Für Heiratsschwindel kassiert er zweimal schweren Kerker. In der Justizanstalt Stein lernt er seinen späteren Komplizen Karl Schlossarek kennen, mit dem er vier Dienstmädchen tötet, um an deren Wertsachen zu kommen; dem ersten Mord geht zudem eine Vergewaltigung voraus.

Nach ihrer Verhaftung im Jänner 1884 wird mit Schlossarek und Schenk in Wien kurzer Prozess gemacht. Im Beisein von Bruckner, der dank einer Intervention von Stradal bei Staatsanwalt Gürtler von Kleeborn bei der Verhandlung im Saal sein darf. Außer sich vor Leidenschaft springt Bruckner dabei wiederholt auf, um Schenk besser sehen zu können und muss von einem Justizsoldaten zurechtgewiesen werden.

Am Vorabend der Hinrichtung Schenks durch den Strang am zweiundzwanzigsten April 1884 wird Bruckner selbst zum Opfer. Wenn auch nur eines Scherzes: Als Bruckner und Stradal im Riedhof in der Wickenburggasse nahe dem Landesgericht zu Abend essen, gelingt es einer Partie junger Ärzte, Bruckner weiszumachen, Schenk habe sich soeben ein Kalbsschnitzel aus dem Riedhof als Henkersmahlzeit kommen lassen. Der augenblicklich entflammte Bruckner bestellt sofort ein Schnitzel aus demselben Stück Kalbfleisch und verbringt die anschließende Nacht in betender Verbundenheit mit dem todgeweihten Frauenmörder.

1995 steht Bruckners tiefe seelische Beziehung zu Männern wie Schenk im Mittelpunkt der Bruckner-Oper *Geschnitzte Heiligkeit* von Peter Androsch, zu der Librettist Harald Kislinger in einem im Programmheft veröffentlichten Brief an Regisseur Harald Gebhartl durchaus erwägenswert schreibt: „Bruckner istgleich [sic!] Frauenmörderkunst. Dieser Mann war ein Himmelsträumer und ein Wirklichkeitsscheiterer. Denn einerseits wollte er die Frauen brauchen, ge- (weil er ständig die Mama suchte), aber kam ihm dann eine zu NAHE, sah er sie gleich als HURE – und sprang aus dem Fenster oder drückte ihr eine Bibel in die Hand. Um nicht zum Serienmörder zu werden, wurde er Komponist."

In der fiktionalen Androsch-Kislinger-Oper endet Bruckner wie Schenk als sexuell motivierter Frauenmörder, der die Prostituierte Lisi hinter einem Strauch liquidiert und sich dann die Hose zuknöpfend selbst attestiert: „Jetzt hab ich es geschafft. Ich habs herausgelöst, nun bin ich endlich dem Verfluchten weggetaumelt."

„Der Bruckner wird alt und möchte doch so gern noch die F-moll hören. Bitte, bitte! Das wäre der Höhepunkt meines Lebens. Aber dann manches anders als die Partitur! Bei Des-Dur im Credo: Deum verum de Deo, bitte Organo pleno! Nicht Register sparen! Und Benedictus anfangend: Der Cellist soll viel Ton geben, sehr warm, stark hervortreten. Wann höre ich Sie? Bitte um Antwort."

Aus einem Brief an Siegfried Ochs

4490
# Sankt Florian III
**Floriå**
48° 13' N, 14° 23' O

## Balsam

In Götz Spielmanns äußerlich nicht sonderlich ereignisreichem, dafür aber umso tiefgängigerem Familienfilm *Oktober, November* aus dem Jahr 2013 unter anderem mit Ursula Strauss und Nora von Waldstätten vermittelt der inzwischen selbst aus der Welt gegangene Peter Simonischek als dahinsterbender Patriarch sehr eindrucksvoll, wie langsam und zäh sich der letzte Übergangsprozess vollziehen kann. Die acht Sterbewochen im Film sind jedoch nichts verglichen mit den insgesamt drei Jahren, die der auch hierin unmäßige Bruckner für den Abschied braucht. Mehrfach empfängt er die Sterbesakramente, zweimal wird Bruder Ignaz aus Sankt Florian zum Abschiednehmen nach Wien gerufen. Es ist die Zeit, in der Bruckner die Zeche für seine Jahre maßlosen Essens, Trinkens und Arbeitens zahlt. Laut retrospektivem Befund von TCM-Arzt Martin Müller aus Steyr entwickelt Bruckner als außergewöhnlicher Erde-und-Feuer-Mischtyp im Magen feuchte Hitze mit viel Schleim und erwirtschaftet einen dramatischen Verlust von Nieren-Yang. Dass er dennoch bis jenseits der siebzig durchhält, ist, so meint Doktor Müller, in erster Linie dem Umstand zu danken, dass Bruckner arbeitend das tun kann, wofür er brennt.

In Sankt Florian hat Bruckner als Pubertierender „rührend ungelenk" ein Damenschuhpaar auf den Umschlag seines Übungsheftes gezeichnet; kurz vor seinem Tod schafft er sich noch mehrere winzige Damentaschenuhren, zahlreiche Schuhe und eine kleine Mohrenfigur, wie man sie damals bezeichnet, an. An Ignaz in Sankt Florian richtet Bruckner seine letzten, schon halb jenseitigen Zeilen: „Ignaz wolle an mich jetzt nichts senden, da ich ihm ebenfalls nichts retournieren kann (mündl. einst mehr). Dein Bruder Anton. Wien, 1896, Okt, Leb wohl, wohl, wolh Belveverd." sowie „Sr. wohlg. Hr. Ig. Bruck-im löbl. Stifte zu St. Flor. bei Linz. Dein Bruder Anton 1896 Dein Bruckner. TT A. Br. Ignaz lebe wohl! Leb webel woll wohl. Hochl leb wohlf!"

Der Nachrichtgeber stirbt, wie er komponiert hat: unter größter Anstrengung, immer wieder von vorne beginnend und zum Schluss doch heiter, leicht und zufrieden – nach einem genüsslichen letzten Schluck Tee am elften Oktober 1894 in seiner Ausgedingewohnung im Kustodenstöckl des Belvederes in Wien. Das anschließende Prozedere hat Bruckner wie seine Sinfonien jahrelang geplant, verworfen und neu konzipiert: Nach ausgiebiger Konsultation von Richard Paltauf, einem der führenden Pathologen seiner Zeit, hat er bereits 1893 die Konservierung seines Leichnams verfügt. Auch wenn Bruckner in seinen letzten Jahren Anflüge von Größenwahn zeigt, spielen pharaonische Überlegungen hierbei keine oder bloß eine Nebenrolle. Stattdessen will er sichergehen, dass die von ihm selbst vorgesehene Überführung seines Leichnams in die Krypta der Sankt Florianer Stiftsbasilika nicht durch eine Verletzung der Sanitätsvorschriften für Eisenbahntransporte aufgrund von Körperflüssigkeitsaustritten verunmöglicht wird.

Nachdem Bruckners Totenmaske genommen worden ist, besorgt Pathologe Paltauf eine Blutaderinjektion der Leiche, indem er die Konservierungsflüssigkeit mittels Druckapparat durch die Halsschlagader in den Körper einbringt. Zwei Tage nach dem Tod liefert das mit dem Begräbnis auf aufwändigem Prachtklassenniveau beauftragte Entreprise des pompes funèbres – Bruckner selbst hat nur mit einer Beisetzung der etwas niederrangigeren „I. Classe" spekuliert – einen metallenen Doppelsarg, der Kopf und Brust des Toten durch einen Glaseinsatz sehen lässt.

Der Sarg wird in einem von acht Rappen gezogenen Leichenwagen an der Spitze eines riesigen Trauerzuges zur Einsegnung in die Karlskirche und danach zum Weitertransport auf der Bahn bis Asten zum Wiener Westbahnhof gebracht. Tausende säumen den Weg. Nicht wenige Wiener vermieten in ihren Wohnungen Fensterplätze an Schaulustige.

Am fünfzehnten Oktober kommt der tote Bruckner um sechs Uhr morgens in Asten an, wo er auf die Kutsche von Transportunternehmer Ackerl umgeladen wird, der die Fracht für umgerechnet zweihundert Euro nach Sankt Florian fährt. Die Florianer Feuerwehr, das Veteranenkorps und der Gesellenverein werden mit je rund vierhundertdreißig Euro für das Mitmarschieren im oberösterreichischen Trauerzug bedacht, die fünfzehn einheimischen Blasmusiker bekommen fünfundzwanzig Euro, die drei auswärtigen das Doppelte und die mitgehenden Schulkinder gar nichts.

Als das letzte Amen gesprochen und der letzte Ton verklungen ist, wird der luftdicht verlötete Sarg tief unter der Orgel aufgestellt und

Gott respektive sich selbst überlassen. Bis auf fallweise Inspektionen, nach denen 1930 die innere und 1961 die äußere Hülle des Sarkophags erneuert wird. Die dabei gemachten Fotoaufnahmen werden der Öffentlichkeit schonungsvoll vorenthalten. Was darauf schließen lässt, dass die Mumie schon damals keinen schönen Anblick mehr darstellt.

Ausgerechnet hundert Jahre nach Bruckners Tod sind die sterblichen Reste Bruckners so stark von Schimmel befallen, dass ihnen die totale Zerstörung droht. Überdies haben die aggressiven Konservierungschemikalien am Innensarg genagt. Mesner Georg alias Schorsch alias Schurl Windtner ist mit dabei, als Bruckner in aller Heimlichkeit und Stille umgesargt wird und zu einer letzten Schweizreise aufbricht.

Die Aus-, Ein-, Wiederaus- und Wiedereinfuhr der prominenten Leiche ist mit dem österreichischen wie mit dem Schweizer Zoll vorab geregelt worden. Am ersten März 1996 trifft sie im Anthropologischen Forschungsinstitut in Aesch ein, wo der Anthropologe Bruno Kaufmann die Sache in die Hand nimmt. Nach anfänglichen Schwierigkeiten beim Entkleiden und der Anfertigung von Röntgenaufnahmen wird der hundertjährige Tote auf Kosten von Stift Sankt Florian an der Universität Basel von Schimmel befreit, samt dem Sarg mit Formol behandelt und gammabestrahlt. Parallel dazu restauriert Sabine Sille am Historischen Museum Basel die stark angegriffene Kleidung. Zum ersten April ist dann alles erledigt – und Bruckner fährt rundum erneuert wieder heim.

Anton Bruckner zum Nachhören

## Requiem, WAB 39

Musikalisch steht das in Sankt Florian geschriebene *Requiem* im Zeichen der intensiven Auseinandersetzung mit der Wiener Klassik unter Anleitung seines damaligen Lehrers Zenetti in Enns. Im Werkkomplex von Bruckner ist es die erste Komposition für Chor und Orchester; die Uraufführung erfolgt zum ersten Todestag des Stiftsbeamten Franz Sailer, der Bruckner seinen Bösendorfer-Flügel vermacht hat. Wie es scheint, hat Bruckner den *Requiem*-Text bereits 1845 in Kronstorf für vierstimmigen Männerchor und Orgel vertont; die Partitur ist allerdings verschollen.

Eine leicht gekürzte Fassung des *Requiems* für große Besetzung erklingt in Sankt Florian wieder am Tag nach der Beerdigung seines musikalischen Urhebers.

*Requiem*, WAB 39
RIAS Kammerchor, Akademie für
Alte Musik Berlin, Johanna Winkel,
Sophie Harmsen, Michael Feyfar,
Ludwig Mittelhammer, Lukas Borowicz

# Ferner noch

Der rasiermesserscharf denkende und schreibende Arno Schmidt, dem Musik nach eigenem Bekunden suspekt gewesen ist, weil darin Österreicher reüssiert haben (wobei er aber eher Mozart als Bruckner im Sinne gehabt hat), hat sich auf einem Nebenschauplatz seines umfangreichen Œuvres ausgiebig mit seinen persönlichen Helden und Heldinnen der literarischen Vergangenheit beschäftigt. Und dabei mehr als einmal genüsslich gegen die verständliche kommunale Neigung polemisiert, sich mit den berühmten „Söhnen und Töchtern" der jeweiligen Ortschaft zu schmücken.

Denn wie Schmidt – als Mischung aus Beamtenseele und Avantgardist auf seine Weise an Bruckner erinnernd – betont hat, stellt sich ja weniger die Frage nach dem Geburts- als vielmehr nach dem Sterbeort. Schließlich habe sich das gefeierte Künstlerpersonal in der Regel bewusst für diesen als Lebensmittelpunkt entschieden.

Folgt man dieser schwer zu beeinspruchenden Logik, gelangt man bei Bruckner zu einem, wie sollte es auch anders sein, ambivalenten Ergebnis: Bruckner ist bekanntlich in Wien verstorben, wo er – nicht exakt, aber gefühlt – die zweite Hälfte seines Lebens zugebracht hat.

Aber nicht ohne immer wieder in Oberösterreich zu sein. Dort also, wo er dezidiert auch bestattet sein, jedoch nicht sterben wollte.

Dass der reise- und unternehmungslustige Bruckner aber nicht nur zwischen seiner Heimatprovinz und Wien hin- und hergependelt ist, ist hoffentlich bereits auf den vorangegangenen Seiten ausführlich genug verhandelt worden. Trotzdem und vorsichtshalber sei an dieser Stelle nochmals <u>unterstrichen</u>, dass die Liste der sogenannten Bruckner-Orte eine lange und internationale ist. Auf ihr können weder London noch Paris, Zürich, Genf, Budapest, Prag, Marienbad, Bayreuth, München oder Berlin fehlen. In Abwandlung der berühmten Bösartigkeit aus der Feder von Bruckners Kollegen Hans von Bülow, der gebürtige Ansfeldner sei zu gleichen Teilen Trottel und Genie, könnte man sagen, dass Bruckner halb Mostschädel, halb Weltbürger gewesen ist.

Mag Bruckner auch viel Misserfolg und Häme wie die von Bülow'sche einstecken haben müssen, erlebt er noch selbst mit, wie sich spät-aber-doch die Welle des Erfolgs aufbaut. In seinen letzten Jahren bekommt und erreicht er mehr, als er sich gewünscht und worauf er hingearbeitet hat: Stipendien und Preisgelder, Ehrendoktortitel und Ehrenbürgerschaften, das kaiserliche Ritterkreuz, gefeierte Aufführungen in Übersee, erste Gedenktafeln und die erste Biografie.

Oberösterreich ist dafür genauso wenig allein verantwortlich, wie daran unbeteiligt. Daher ist es weder angemessen noch in irgendeiner Weise notwendig, Bruckner – der sich wie erwähnt selbst als zeitlebens freier Mann gesehen hat – wofür auch immer zu reklamieren. Auch nicht für Oberösterreich.

Hermann Kaulbach: Bildnis von Anton Bruckner, 1885.

# Bruckner auf einen Blick

| | | |
|---|---|---|
| **1824** | Geburt in Ansfelden als erstes der elf Kinder von Anton Bruckner senior und Theresia Helm | ↗ S. 17 |
| **1834** | Erste Orgeldienste bei Messfeiern | |
| **1835** | Übersiedelung zu seinem Cousin, Firmpaten sowie Orgel- und Generalbasslehrer Johann Baptist Weiß nach Hörsching. Erste Kompositionen | ↗ S. 29 |
| **1836** | Rückkehr nach Ansfelden | |
| **1837** | Tod des Vaters. Aufnahme ins Augustiner-Chorherrenstift Sankt Florian als Sängerknabe. Kost, Logis und Unterricht bei Schulleiter Michael Bogner. Violinunterricht bei Eduard Kurz. Orgelunterricht bei Stiftsorganist Anton Kattinger | ↗ S. 35 |
| **1839** | Abschluss der Volksschule als Jahrgangsbester | |
| **1840** | Beginn der Ausbildung zum Schulgehilfen an der Präparandie der k. k. Normalhauptschule in Linz. Unterricht in Harmonie- und Generalbasslehre, Choralgesang und Orgelspiel bei Johann August Dürrnberger. Besuch der von Theaterkonzertmeister Karl Zappe veranstalteten Konzerte | ↗ S. 53 |

| | **1841** | Schulgehilfe in Windhaag bei Freistadt. Selbststudium in Generalbasslehre und Kontrapunkt |
|---|---|---|
| ↗ S. 59 | | |
| ↗ S. 65 | **1843** | Schulgehilfe in Kronstorf bei Steyr. Gründung eines Männerquartetts. Unterricht bei Leopold von Zenetti in Enns |
| ↗ S. 71 | | |
| | **1845** | Lehrerprüfung beim bischöflichen Konsistorium in Linz. Schulgehilfe in Sankt Florian. Fortsetzung des Orgelunterrichts bei Kattinger |
| | **1848** | Ernennung zum provisorischen Stiftsorganisten (möglicherweise aber auch erst 1850). Mitgliedschaft in der Nationalgarde. Erbe des Bösendorfer-Flügels von Stiftsschreiber Franz Sailer |
| | **1849** | Ernennung zum Privatlehrer der Sängerknaben |
| | **1851** | Anstellung als erster Stiftsorganist. Aushilfsarbeit in der Bezirksgerichtskanzlei |
| | **1853** | Erfolglose Bewerbung um eine Kanzleistelle |
| | **1854** | Orgelprüfung vor Ignaz Aßmayr, Simon Sechter und Gottfried Preyer in der Piaristenkirche in Wien |
| | **1855** | Hauptschullehrerprüfung in Linz. Beginn des Musiktheorieunterrichts bei Simon Sechter. Erfolglose Bewerbung um die Domorganistenstelle in Olmütz. Erfolgreiches Probespiel für die Organistenstelle an der Stadtpfarrkirche Linz. Bestellung zum provisorischen Dom- und Stadtpfarrorganisten von Linz. Bezug der Dienstwohnung im Mesnerhäusl am Pfarrplatz |

| | |
|---|---|
| **1856** | Nach einem Probespiel im Alten Dom fixe Bestellung zum Domorganisten. Mitgliedschaft in der Linzer Liedertafel „Frohsinn" |
| **1860** | Wahl zum ersten Chormeister der Liedertafel „Frohsinn". Tod der Mutter in Ebelsberg    ↗ S. 41 |
| **1861** | Letztes Zeugnis von Simon Sechter. Erfolglose Bewerbung um die Direktorenstelle des Salzburger Dom-Musik-Vereins. Prüfung am Konservatorium der Gesellschaft der Musikfreunde in Wien. Studium beim Linzer Theaterkapellmeister Otto Kitzler |
| **1862** | Linzer Erstaufführung von Richard Wagners *Tannhäuser* unter Mitwirkung der Liedertafel „Frohsinn". Abschluss der Studien bei Kitzler mit förmlicher Freisprechung. Studien bei Ignaz Dorn |
| **1864** | *Germanenzug* erscheint als erstes gedrucktes Werk im Verlag Josef Kränzl in Ried im Innkreis    ↗ S. 197 |
| **1865** | Begegnung mit Richard Wagner in München. Reise nach Budapest zu einer Erstaufführung von Franz Liszt |
| **1867** | Kuraufenthalt in Bad Kreuzen. Gesuch um Aufnahme in die k. k. Hofmusikkapelle mit Bewilligung 1868. Erfolglose Bewerbung als Lehrer für musikalische Komposition an der Universität Wien    ↗ S. 203 |
| **1868** | Erneute Wahl zum Chormeister der Liedertafel „Frohsinn". Ehrenmitglied des Mozarteum Salzburg. Anstellung als Professor für Harmonielehre, Kontrapunkt und Orgelspiel am Konservatorium der Gesellschaft |

|      | der Musikfreunde in Wien. Zweiter Kuraufenthalt in Bad Kreuzen. Berufung zum „exspectierenden k. k. Hoforganisten" in Wien. Übersiedelung nach Wien |
|------|---|
| 1869 | Orgel-Konzertreisen nach Nancy und Paris. Ehrenmitgliedschaften bei der Welser Liedertafel, der Liedertafel „Frohsinn" und des Linzer Diözesan-Kunstvereins |
| 1870 | Tod der Schwester und Haushälterin Maria Anna in Wien. Verpflichtung von Katharina Kachelmaier als neuer Wirtschafterin. Hilfslehrer für Klavier an der Lehrerbildungsanstalt Sankt Anna. Ministerielles Künstlerstipendium. Ehrenmitgliedschaft in der Währinger Liedertafel und Ehrenbürger von Ansfelden |
| 1871 | London-Reise mit Orgelkonzerten in der Royal Albert Hall und im Crystal Palace. Enthebung und spätere Rehabilitierung an Sankt Anna infolge eines vermeintlichen Übergriffes |
| 1872 | Improvisation zur Einweihung der neuen Orgel im Wiener Musikvereinssaal |
| 1873 | Orgelkonzert in Karlsbad, Kuraufenthalt in Marienbad und Besuch bei Richard Wagner in Bayreuth |
| 1874 | Erfolgloses Gesuch um eine Festanstellung als Theorielehrer an der Universität Wien. Verlust der Klavierlehrerstelle an der Präparandie Sankt Anna |
| 1875 | Vizearchivar der Hofmusikkapelle und zweiter Singlehrer der Wiener Sängerknaben. Zulassung als unbezahlter |

|      | Lektor für Harmonielehre und Kontrapunkt an der Universität Wien |
|------|---|
| 1876 | Antrittsvorlesung an der Universität. Übersiedelung in den Heinrichshof am Opernring |
| 1877 | Erfolglose Bewerbung um die Kapellmeisterstelle an der Kirche Am Hof und erfolgloses Gesuch um Bezahlung seiner universitären Lehrtätigkeit. Übersiedelung in die Heßgasse 7 |
| 1878 | Aufnahme in die Hofmusikkapelle als ordentliches Mitglied |
| 1880 | Erfolglose Bewerbung bei Eduard Kremser um die Stelle des zweiten Chormeisters beim Wiener Männergesang-Verein. Reise nach Oberammergau mit Passionsspielbesuch, München und in die Schweiz mit Orgelspiel in Zürich, Genf, Bern und Luzern |
| 1883 | Ehrenmitgliedschaft in der Liedertafel Vöcklabruck    ↗ S. 113 |
| 1884 | Treffen mit Franz Liszt. Hugo Wolf veröffentlicht einen Essay über Bruckner im „Salonblatt" |
| 1885 | Ehrenmitgliedschaft im Wiener Akademischen Wagner-Verein |
| 1886 | Verleihung des Ritterkreuzes des Franz-Joseph-Ordens. Audienz bei Kaiser Franz Joseph I. Insgesamt 25 Aufführungen der *Siebten Sinfonie* in Deutschland und weitere Aufführungen in Österreich und den USA |
| 1887 | Ernennung zum korrespondierenden Mitglied der Amsterdamer Maatschappij tot Bevordering van Toonkunst |

| | |
|---|---|
| 1889 | Ehrenmitgliedschaft im Wiener Akademischen Gesangverein. Erfolglose Bewerbung um die Kapellmeisterstelle am Burgtheater |
| 1890 | Gründung eines Förderkreises für Bruckner zur Finanzierung von 1000 Gulden jährlich. Weitere 400 Gulden jährlich kommen vom Oberösterreichischen Landtag. Krankheitsbedingte Beurlaubung vom Unterricht am Konservatorium. Orgelspiel bei der Hochzeit von Erzherzogin Marie Valerie in der Pfarrkirche Bad Ischl |
| 1891 | Ende der Unterrichtstätigkeit am Konservatorium. Ehrenmitgliedschaft in der Gesellschaft der Musikfreunde in Wien und Ehrendoktorat der Universität Wien |
| 1892 | Verschlechterung von Bruckners Gesundheitszustand. Beendigung des Dienstes an der Hofmusikkapelle |
| 1893 | Leiden an Wassersucht, Herzschwäche und Atemnot. Ehrenmitgliedschaft im Wiener Männergesang-Verein. Abfassung eines Testaments |
| 1894 | Aufenthalt in Berlin bei der Aufführung der *Siebten Sinfonie* sowie des *Te Deum*. Jährliche Ehrengabe der Universität Wien von 1200 Gulden. Ehrenbürgerschaft der Stadt Linz und Ehrenmitgliedschaft im Wiener Schubertbund. Letzte Universitätsvorlesung und letztes Orgelspiel in Klosterneuburg |
| 1895 | Bruckner nimmt ein Exemplar seiner ersten Biografie von Franz Brunner entgegen. Anbringung einer Gedenktafel am Ansfeldener Geburtshaus durch die |

↗ S. 179

|      | Liedertafel „Frohsinn". Übersiedelung ins Kustoden-stöckl am Oberen Belvedere |
|------|---|
| **1896** | 11. Oktober: Tod Bruckners. Einsegnung in der Wiener Karlskirche und Überführung nach Sankt Florian am 14. Oktober. Beisetzung in der Gruft unter der großen Orgel in der Stiftskirche am 15. Oktober |

# Vielen Dank
## noch einmal

Danksagungen sind zum Lesen meist lästig. Aber nicht nur aus Höflichkeitsgründen unerlässlich, sondern auch um zu veranschaulichen, dass selbst so ein kleines Buch wie dieses stets die Arbeit von vielen Menschen ist. Folgenden von ihnen gebührt viel Dank:

**Pater Franz Ackerl**, Benediktinermönch und Pfarrer von Vorchdorf
**Siegfried Adlberger**, Orgelbaumeister und Orgelbeauftragter der Diözese Linz
**Peter Androsch**, Komponist, Schallkünstler, Lehrer, Phonograph und Musiker
**Maximilian Bayer**, Kapitän auf der Drahtseilbrücke Ottensheim
**Friedrich und Maria Biermeier**, Mostmuseum Sankt Marienkirchen an der Polsenz
**Dr.in Magdalini Christodoulou**, Leiterin der Sammlung Wirbellose Tiere im Biologiezentrum der OÖ Landes-Kultur GmbH
**Josef Danner**, Assistent in der Pfarre Linz-Sankt Theresia
**Marianne Engl**, Exil-Sierningerin in Bad Ischl

**Mag.a Johanna Franzmayr**, Öffentlichkeitsarbeit der Stadt Wels
**Professor Gottfried Gansinger**, Privatgelehrter und Buchhändler im Ruhestand
**Gertraud Hagenauer**, Geschäftsführerin der Drahtseilbrücke Ottensheim
**Mag. Rudi Hemetsberger**, Bürgermeister von Attersee am Attersee
**Mag. Andreas Hofinger**, Direktor des Bundesgymnasiums Ried im Innkreis
**Dr.in Brigitte Holzinger**, Leiterin des Instituts für Bewusstseins- und Traumforschung in Wien
**KonsR Mag. Rudi Jachs**, Altpfarrer von Wolfern
**Maria Jansky**, aktive Pfarrcaritas-Mitarbeiterin in Ebelsberg und Diplomsozialarbeiterin im Ruhestand
**Christian Kögler**, Orgelbaumeister
**Mag. Siegfried Kristöfl**, Historiker und Kulturmanager
**Julia Lacherstorfer**, Musikerin und Festivalintendantin
**Geri Lackerbauer**, Lehrer im Ruhestand und Mitgründer des SV-Ried-Fanclubs Schwarz-Grün
**Gabriele Muckenhammer**, Fundservice der Stadt Wels
**Dr. Martin Müller**, Arbeitsmediziner und Arzt für Traditionelle Chinesische Medizin
**Tobias Pumberger**, Braumeister der Biobrauerei Neufelden im Mühlkreis
**Irmgard Maria Quass**, Besitzerin und Bewahrerin der Alten Schule von Windhaag
**Dr. Andreas Rabl**, Bürgermeister der Stadt Wels

**Graf Niklas Salm-Reifferscheidt**, Historiker und Forstwirt
**Christian Sandler**, Steinmetzmeister
**Ruth Sedmak**, Mitglied des Bad Ischler Kirchenchors
**Johannes Skrivanek**, Silverman & Baer
**Geistlicher Rat MMag. Klaus Sonnleitner**, PhD, Stiftsorganist und Gastmeister, Kaplan in Walding, Herzogsdorf und St. Gotthard
**Marion Stubauer**, Pfarrsekretärin von Wolfern
**Norbert Trawöger**, Musiker, Autor, Bruckner-Auskenner und Künstlerischer Direktor des Bruckner Orchester Linz
**Dr. Peter Vogl**, Professor am Stiftsgymnasium Wilhering und der Pädagogischen Hochschule der Diözese Linz sowie Stadtarchivar von Eferding
**Josef Zauner**, Seniorchef der Konditorei-Kaffee Zauner GesmbH & Co KG
**Philipp Zauner**, BSc, Geschäftsführer der Konditorei-Kaffee Zauner GesmbH & Co KG

# Zum Nachschlagen

Grundlage für dieses Buch waren sowohl Gespräche mit und Materialspenden von den oben angeführten Menschen als auch ein mikroskopisch kleiner Ausschnitt aus der Literatur zu Anton Bruckner. Die Webseite bruckner-online.at ist eine der ergiebigsten, wenn nicht überhaupt die umfassendste aller Quellen. Wer sich in einzelne Facetten vertiefen möchte, ist mit den Publikationen des Anton-Bruckner-Institutes Linz bestens bedient. *Dickschädels Reisen* erscheint parallel zu einer neuen Bruckner-Biografie von Klaus Petermayr im Verlag Anton Pustet.

## Escortservice

**Florian Sedmak**, 80 Jahre und 29 Tage nach Anton Bruckners Orgelerfolg am einunddreißigsten Juli 1890 in Bad Ischl ebendort geboren (aber nicht am Triumphschauplatz Sankt Nikolaus, sondern in Maria an der Straße und damit in der ersten Kraftfahrer-Wallfahrtskirche Österreichs getauft), ist Punkrocker im Vorruhestand (sdmk.at), musikalisch in der Welt von Bach zuhause, Texter (felerlos.at) sowie Qi-Gong-Student und -Lehrer (wolkenhaende.at).

**Norbert Trawöger** entzieht sich kategorisch jeder Schublade. Er ist Künstlerischer Direktor des Bruckner Orchester Linz und künstlerischer Leiter der ersten oberösterreichischen KulturEXPO „Anton Bruckner 2024". Der „kulturelle Wirbelwind" (OÖN) und „gefragte Anstifter zu kreativem Denken und Handeln" (A-List) lebt „genial-schräg" (OÖN) in sich ständig verändernden künstlerischen Aggregatzuständen, meldet sich dabei immer wieder unruhig zu Gesellschaft, Kunst und Kultur zu Wort, spielt Flöte und mit seinen Kindern. www.eNTe.me

## Bildnachweis

Coversujet: Hermann Kaulbach: Bildnis Anton Bruckner, Öl auf Karton
(OÖ Landes-Kultur GmbH, Land Oberösterreich, Kunst- und Kulturgeschichte bis
1918, Inv. Nr. G297) und Haeferl (Goldhaubenträgerin auf der Ortsbildmesse 2021
in Freistadt) / Wikimedia Commons / https://commons.wikimedia.org/wiki/File:-
Freistadt_-_Ortsbildmesse_2021_-_Goldhaubentr%C3%A4gerin_-_2.jpg?uselang=de /
CC BY-SA 4.0 DEED (https://creativecommons.org/licenses/by-sa/4.0/deed.de),
unter Bearbeitung von Christin Albert
Seite 10: Belvedere, Wien
Seite 258: Bildnis Anton Bruckner von Hermann Kaulbach, Öl auf Karton
(OÖ Landes-Kultur GmbH, Land Oberösterreich, Kunst- und Kulturgeschichte bis 1918,
Inv. Nr. G297), unter Bearbeitung von Christin Albert
Seite 270: Porträt Florian Sedmak von Robert Maybach
Seite 271: Porträt Norbert Trawöger von Maria Frodl

## Impressum

Zwecks leichterer Lesbarkeit hat der Autor in Sachen gendergerechter Schreibweise ohne böse Absichten Nachlässigkeit walten lassen. Bei der Verwendung entsprechender geschlechtsspezifischer Begriffe sind im Sinne der Gleichbehandlung jedoch ausdrücklich alle Geschlechter angesprochen.

Bibliografische Information der Deutschen Nationalbibliothek
Die Deutsche Nationalbibliothek verzeichnet diese Publikation in der Deutschen Nationalbibliografie; detaillierte bibliografische Daten sind im Internet über
http://dnb.d-nb.de abrufbar.

© 2024 Verlag Anton Pustet
5020 Salzburg, Bergstraße 12
Sämtliche Rechte vorbehalten.

Titelgestaltung, Grafik, Satz: Christin Albert
Lektorat: Anja Zachhuber
Druck: FINIDR, s.r.o.
ISBN: 978-3-7025-1118-0
Auch als eBook erhältlich: eISBN 978-3-7025-8112-1
www.pustet.at

Ausflüge in die Natur, Interessantes aus Kunst, Kultur und
Geschichte, Inspiration und Genuss für Ihr Zuhause –
entdecken Sie die Vielfalt unseres Programms auf www.pustet.at

Wir versorgen Sie gern mit allen Informationen zu
Buch-Angeboten, Gewinnspielen und Veranstaltungen: